KÄNSLORNAS SVALL

Anna
Rotkirch

KÄNSLORNAS SVALL

MÅNADSBOK OM ÅRET
DÅ DET POLITISKA
BLEV PERSONLIGT

Förlaget

Boken har utgivits med stöd från
Svenska litteratursällskapet i Finland/Delegationen
för den svenska litteraturens främjande och
Finlands facklitterära författare

ISBN 978-952-33-3139-6

Omslag: Ulla Donner
Inlaga: Emma Strömberg
Förlaget M, Helsingfors 2018
Tryckt hos Nord Print, Helsingfors 2018
forlaget.com

Innehåll

Vardagarnas skum

Dagen efter resultaten från det amerikanska presidentvalet, den tionde november 2016, beslöt jag mig för att anteckna vad människorna omkring mig talade om. I ett års tid skulle jag, den tionde varje månad, skriva vad som sades, tycktes och diskuterades. Vad som hände, vad jag hörde, läste och berördes av.

Utgångspunkten är en rad oväntade och dramatiska förskjutningar i världspolitiken: från Rysslands invasion av Krim 2014 och Europas flyktingkris hösten 2015, via Storbritanniens beslut att lämna EU 2016 till Förenta staterna val av affärsmannen och populisten Donald Trump till president på hösten samma år. Skeenden som elektrifierat dagspolitiken, gjort den personligt laddad på ett nytt sätt.

Det är länge sedan det personliga blev politiskt. Nu kändes det plötsligt tvärtom: som om det politiska blivit högst personligt. De som inte varit direkt politiskt aktiva talar om en lust att delta i insamlingar och protester, andra väljer tvärtom att sluta följa med nyheterna. Många är förstås lyckliga över att deras värderingar igen får luft under vingarna, gällande till exempel den mängd av invandring som europeiska samhällen tål utan att samhällsväven skadas. Politiken berör och känslorna svallar. Vänner och släktingar grälar, nära relationer slits sönder, nya formas.

Månadsboken består av tolv kapitel som täcker ett år, från höst till höst. Åtminstone den tionde, ibland oftare, antecknar jag vad människor i min omgivning sade och framför allt sade sig *känna* gällande världspolitiken och sin egen inställning. Jag har länge fascinerats av hur ett nytt uttryck eller en insikt anammas, glider från överraskning till självklarhet, och störts av att inte minnas när och hur det inträffade. Till exempel har jag en pinsam minnesbild av en lunchpaus under vilken kollegan berättade att hon »surfat« i flera timmar, och jag undrade hur hon hann till havet under arbetstid. Men jag minns inte när det hände, eller när vi slutade »surfa« på nätet för att helt enkelt »vara« där. Jag minns de röster som varnade för att Ryssland kunde glida in i totalitarism, eller för att de stora bankerna kunde krascha, på den tiden då få tog dessa olyckskorpar på allvar. Men jag kan inte säga när min egen uppfattning ändrades och de udda varningarna blivit självklar tidsdiagnos. I efterhand ter ju sig allting logiskt och förutsägbart.

Det är sökandet och förvåningen jag vill dokumentera här: hur en människas vardag genomsyrades av åsikter och argument, egna och andras. Det ska inte handla så mycket om mig som om oss, om det segment av europeisk kultur jag formats av och lever inuti.

Den här politiska månadsboken är inte min personliga dagbok. Men givetvis lystrar jag till olika röster i omvärlden beroende på hur jag själv mår, var jag befinner mig, vem jag möter. Därför ges nedan några personliga markörer för att hjälpa läsaren att orientera sig i anteckningarna som följer. Det går bra att hoppa direkt till nästa kapitel och november 2016.

Jag är född 1966 och var ung på 1970- och 1980-talen, decennierna då tanken att *det personliga är politiskt* rotade sig. Utgångspunkten i den sloganen var den feministiska principen att din kropp, dina upplevelser alltid bär på ett frö av sanning. Det är ett problem om din, min, vår erfarenhet inte finner genklang i hur världen beskrivs av andra.

Principen hade mycket att göra med kroppar, kön och det vardagligas betydelse. Feminister och kvinnoforskare namngav och belyste handlingar som ansetts triviala eller genanta. De talade om mensblod, obetalt hemarbete, våldtäkter inom äktenskapet, shoppandets historia eller varför så många kvinnor slukar fjantiga kärlekshistorier. De visade hur makt, pengar och samhällsförändring formar också sådana livsområden. Vardagens rutiner och vanliga människors känslor blev politiskt och vetenskapligt betydelsefulla. Det personliga är politiskt. Det är väl en av de få principer jag inte förlorat eller tagit avstånd från. Därför kan »politik« i den här boken gälla både kommunalval och hårfärgning.

Redan i lågstadiet kände jag en dragning till feministerna och vänstern. Som barn var jag beläst, analytisk, inte rädd att säga ifrån. Jag frågade religionsläraren varför Gud kallas för han och inte hon, jag upplyste klassläraren om att reklamer egentligen är onödiga eftersom socialismen redan slutgiltigt bevisat att de inte behövs. Samtidigt var jag fullkomligt okritisk mot mina egna käpphästar och auktoriteter. Jag sökte mig till intellektuella och ideologiska sammanhang, var inte en ensamtänkare eller vägvisare. I det avseendet har jag knappast förändrats, men nog blivit mera medveten om mönstren.

En journalist undrade nyligen ifall jag i föräldrahemmet uppmuntrats att läsa och studera. Frågeställningen var så överraskande med tanke på min egen uppväxt att jag inte kunde annat än mumla att problemen snarare uppstod om jag inte läste. Mamma hotade med jämna mellanrum dramatiskt att slänga ut tv:n, precis som jag nu hotar mina barn med att stänga av wifin.

Ja, jag läste. Hemma i södra Helsingfors hade vi minst sju finländska dags- och veckotidningar, samtliga från den politiska mitten och vänsterut. Hos mina morföräldrar och min farmor låg dessutom färggranna travar med högerpress och rikssvenska tidningar, *Vecko-Journalen* och *Allers*. Till studentgåva fick jag Simone de Beauvoirs feministiska klassiker *Det andra könet*. Då jag vaktade barn för familjebekanta hittade jag nya spännande publikationer, som tidskriften *ETC*, med sitt stora format och vågade reportage. I ett nummer jag senare ofta tänkt på bytte *ETC*:s chefredaktör kön. På bakre pärmen fanns en mängd foton och läsaren uppmanades i slutet av texten att gissa vilka av ansiktena som hörde till en man och vilka som visade en kvinna. Rätt svar fanns på nästsista sidan. Där stod att läsaren fått allt om bakfoten och borde läsa om hela reportaget. Vi skulle sluta dela in människor i entydiga könskategorier.

Trots att definitionen av politik förändrades då det personliga blev politiskt hade min generation (de jag från och med studietiden rörde mig med och tog intryck av) sällan någon tanke på att dagspolitiken kunde vara något för oss. Jag kollar nu på nätet vem som egentligen myntade uttrycket »det personliga är politiskt«. Det skedde kring 1969–1970 i USA, och i en tidig definition heter det att »makt finns i alla relationer, inte bara i politiken«. Det lilla ordet »bara« är väl den springande punkten. Då det personliga blev politiskt kunde den egentliga politiken kännas trivial.

Medan jag studerade på 1980-talet reste jag mycket till Ryssland och följde med den eufori som perestrojkan och demokratiseringen till en början innebar. Det var tiden för postmodernismens genombrott inom samhällsvetenskaperna, också på Helsingfors universitet. Den finländska sociologins stora namn Erik Allardt respekterades men ansågs passé, det var fransk filosofi och diskursanalys som gällde. Samhällsvetare skulle lära sig att förändra världen och vara kritiska. Få, och åtminstone inte jag, tolkade förändring i betydelsen kommunal- och riksdagsval. I en ansedd doktorsavhandling från den tiden diskuterades subversiva politiska arenor, det konkreta exemplet gällde sadomasochism bland homosexuella subkulturer.

På statsvetenskapliga fanns visserligen en grupp som läste politisk historia och klädde sig i kostym. Det hette att de ville bli politiker. Omdömet var inte särskilt smickrande. Och jag förvånades djupt då en kollega redan på 1990-talet klagade över att inga stora begåvningar längre gick in i partierna, han befarade att det skulle få följder för beslutens kvalitet.

Filosofen och medborgaraktivisten Thomas Wallgren uppdaterade kring millennieskiftet sin egen analys av det världspolitiska läget. Slutsatsen var att alla nu borde aktivera sig inom de traditionella politiska partierna. Wallgren har rätt, och han blev socialdemokrat, men själv gjorde jag inget och jag känner få som handlade som han. Några har politik som sidokarriär, eller en andra karriär senare i livet, men dagspolitik som huvudsyssla var främmande för de flesta intellektuella jag kände. Det var tufft då Janina Andersson blev invald som ung vänsterkvinna och ammade i riksdagen, men det kändes ovanligt.

Professionellt gled jag in i samhällsforskning på grund av entusiasm, talang och brist på ordentlig karriärplanering. Jag doktorerade om familjelivets och sexualitetens utveckling i Sovjetryssland, med en pinsamt optimistisk avslutning om den frigörelse och tolerans landet nu verkade gå mot. (Fast annars står sig analysen om »mansfrågan« i Ryssland ganska väl.)

Kring åren då jag fyllde trettio skedde två formativa händelser i mitt liv. Jag bildade familj med min nuvarande man, efter en invecklad och stormig kärleksaffär med liten hänsyn till andra inblandade. En orsak till att jag förälskade mig var att JP gav mig böcker, alltid läste, plockade upp nya idéer. Han var också kommunalpolitiskt aktiv och lärde mig att det hör till allmänbildningen att kunna namnen på alla regeringens ministrar.

Familjebildningen innebar ett avsked till den vilda, patriarkatnedbrytande feminism jag tidigare tänkt mig att kunde fungera också i vardagen. Jag började vänta mitt första barn vid 29 års ålder, vilket på den tiden var den exakta medelåldern för högt utbildade kvinnor i Helsingfors (nu är den redan flera år högre). I den stunden tvingades jag medge att jag inte kunde nämna ett enda sätt på vilket jag var beteendemässigt unik. Det gick också förvånansvärt smärtfritt att leva i ett troget parförhållande, med moderskap och kärnfamilj. Det var för mig en betydligt enklare och lyckligare tillvaro än den som barnlös bohem. Efter det har jag hyst större respekt för det vanliga och medelmåttiga. Som litteraturkritikern Tuva Korsström en gång frågade retoriskt: Vad är det egentligen för fel med att leva konventionellt? Varför ses det som bättre att bryta mot konventionerna, om de inte gör någon illa?

Ett par år senare kom den andra stora intellektuella brytningen, då jag började lära mig om mänsklig evolution. Första gången jag hörde en feminist tala om Darwin var medan jag ammade mitt nyfödda andra barn och lyssnade till en intervju med apforskaren Sarah Hrdy. Hrdy beskrev exakt den situation jag och barnet befann oss i, babyns mun kring mitt bröst, mina armar kring babyns kropp. Det är människobarnets första omgivning, sade hon, den ekologiska nisch som babyn utvecklas i och mamman börjar föda och älska babyn i. Den här omgivningen – armarna, huden, sugreflexen, den sömniga euforin då maten mättat – har inte förändrats sedan vår art fällde pälsen, betonade Hrdy.

Det personliga blev än en gång forskningspolitiskt i den sekunden. Feministernas envisa påstående att moderskapet skulle vara en kulturell konstruktion fick en ihålig klang.

Intresset för evolution avgjorde inriktningen på min forskargärning: jag studerar familjerelationer, helst ur ett perspektiv där det är möjligt att kombinera ett evolutionärt resonemang med dagens beteende. Det ändrade också min politiska hemvist, från ganska långt ut på vänsterkanten till liberal obunden. Jag har väldigt svårt för dem som fördömer tankegångar och empiriska fakta för att de inte motsvarar ideologiska förhoppningar. Sådana finns givetvis bland både högern och vänstern, men för mig var det ingen nyhet att högern kan prioritera ekonomisk vinning framom fakta, till exempel gällande naturförstöring. Det jag förfärades över var hur stora delar av vänstern och i synnerhet den intellektuella vänstern tänker, inte bara om evolution utan överhuvudtaget om den vetenskapliga metoden. De som i dag säger sig forska i genus och kön har till exempel i regel inte minsta koll på evolutionens grundläggande begrepp, som naturligt urval och sexuellt urval. Hur jag tycker att evolution hänger ihop med familjeliv i dag har jag beskrivit i en bok från 2014, *Tillsammans*. Mitt ambivalenta förhållande till den akademiska feminismen tangeras i den här boken i kapitlet från mars månad.

Sedan ett decennium arbetar jag på Befolkningsförbundet, en av Finlands största medborgarorganisationer. Helsingfors är min stad, och nuvarande hemstad, men jag reser mycket (alltför mycket) under året. Det forskningsinstitut jag leder inom Befolkningsförbundet sysslar med familjer, parförhållanden och befolkningsutveckling med starka inslag av popularisering och familjepolitisk påverkan. Det är mycket av mitt egentliga arbete som inte nämns i månadsboken.

Min förstfödde son Ariel är nu vuxen och självständig. En vuxen dotter, Stella, bor kvar då boken inleds men flyttar ut under året. Vårt tredje barn Sylvia går i lågstadiets sista klasser. Min man JP, som är betydligt äldre än jag, är pensionerad. De senaste åren har vi förändrats från en storfamilj med hektiska morgnar och konstant osorterade klädhögar till en oändligt mycket jämnare vardag med fler rum än vi behöver och lugna, ibland alltför lugna, kvällar.

Andra nära människor, släkt och vänner dyker upp i månadsboken, men långt ifrån alla viktiga band ingår. Vissa personer vet jag att inte vill nämnas och andra vänner och kolleger talar jag inte politik med, eller råkade jag inte träffa kring just den tionde någon månad.

Mina stenografiska anteckningar har skrivits rent i efterhand, men känslorna och tankarna som återges motsvarar datumen. Citat ur program och texter återger innehållet men är inte alltid ordagranna eller exakta översättningar.

Vad hände då det politiska blev personligt? I det som följer vill jag inte så mycket förespråka en viss tolkning som spontant och ärligt anteckna vilka teman och argument som attraherar, vad »vi« talar om, då när vi ännu inte vet hur det kommer att gå och hur rätt eller fel vi har. Följa med hur känslan för politik skiftar i takt med att världen förändras.

I

NOVEMBER 2016

Kataklysm

10 november

Vandrar hem i mörkblå skymning mellan växande snödrivor. Kråkor, bussar som stannar och stockas, människor som måste passera varandra ovanligt nära på de smala upptrampade gångarna. Det är som om de förstulet utbytta blickarna säger: Vi vet. Trump vann.

Dagen innan hade tidskriften *The Economist* påmint om att sannolikheten att Trump vinner var lika stor som sannolikheten att det regnar en viss enskild dag i London. Då knöt det sig i magen.

På valkvällen somnar jag till att nyhetsstudiorna lite upprymt påpekar att det kan bli ganska jämnt. JP tittar längre och väcker mig i något skede: nu är det kört. Jag blinkar dåsigt mot en karta med beräknade antal elektorer enligt delstat och försöker minnas vilken kandidat som är röd, vilken blå. Sedan somnar jag om. På morgonen är jag övertygad om att nattens tornande röda röststaplar varit en mardröm.

Nu intalar jag mig att det inte är så farligt, att vilken republikan som helst vid makten hade gjort det som antagligen är det värsta Trump kan åstadkomma: strunta i klimatavtalen.

En biolog visade mig för en månad sedan de senaste siffrorna. Koldioxidutsläppen stiger stadigt. Det sker alla goda föresatser och internationella överenskommelser till trots, fast vi bytt ut glödlamporna, väljer tåg framom flyg och bil, och numera har jag dåligt samvete när vi eldar brasor. Överhuvudtaget kan ingen förändring till det bättre skönjas på global nivå. Min bror som jobbar på Paulig säger att kaffet och teet kommer att ta slut inom 20 år. (Hallåå!! Varför sa ingen det tidigare? Att kaffet tar slut under min livstid? Nu är det allvar.)

Jag söker efter ord för känslosvallet medan jag, oförmögen att koncentrera mig på annat, twittrar mig igenom ett möte – kollar *Financial Times*, *Helsingin Sanomat*, Yle, BBC. *Huffington Posts* nätsidor har bokstavligen frusit i chock.

Espresso, *Economists* dagliga nyhetsapp, är som vanligt i en alldeles egen klass gällande formuleringar: Trumps seger är »den största risken för Amerikas institutioner, och för landets globala ledarskap, i mannaminne«.

»USA:s valresultat är en jordbävning, efter vilken Angela Merkels Tyskland kvarstår som den sista tillförlitliga delen i vad som känns som en värld i sönderfall.«

»Alla européer överväger nu frenetiskt sin säkerhet, de svagaste mest av alla.«

Espresso tillägnar dagens video åt ordet kataklysm.

»Cataclysm. Noun. 1. a sudden violent political or social upheaval.«

Till kataklysmvideon visas bilder av Trump som rör sig och talar och jag får en kraftig, fysisk känsla av illamående.

Efter mötet filar jag halvhjärtat på en vetenskaplig artikel, per e-post klagar kollegan från Åbo: hon får inget gjort. »I dag klär jag mig i svart«, textar vänner och släktingar i Sverige, Finland, Frankrike, USA. Själv bär jag inte svart men det känns som att befinna sig under vatten. Undrar om chocken syns i någon global produktivitetsmätare, eller i mängden privata sms och mejl på jobbtid.

En vän som bor i New York hade dagen före valet sett en paketbil med Trumps kampanjbilder mittemot sin trappingång. Hon gjorde en gest av att vara kräksjuk. Mannen som ägde paketbilen hade då blängt så hotande på henne att hon snabbt gick in i huset. Jag har samma illamående. Illamåendet som vill skuffa undan en hotande bakterie, rena kroppen och få den i balans. Varför är det just avsmak vi känner, snarare än ilska, eller rädsla?

Men samtidigt tänker jag, varför visa en kräkningsgest åt en granne?

Också nu på Twitter, från »vår«, de »goda« människornas, demokraternas och de liberalas, sida, alltför många elaka skämt om de idioter, lågt utbildade, heterosexuella vita män som orsakat kataklysmen.

De personliga reaktioner som når mig gäller i synnerhet etnicitet, ras, sexuella minoriteter och könsminoriteter. Mycket, mycket mindre sägs och skrivs kring sådant som Rysslands krig i Ukraina, Estlands säkerhet, klimatavtalet ... Vågar knappt tänka det här och tvingar mig att skriva ned det. Det gäller ju att inte ställa olika viktiga frågor som mänskliga rättigheter, klimatet eller ekonomin mot varandra. Men det känns som att upprördheten gäller väldigt mycket identitetspolitik och väldigt lite ekonomi, miljöpolitik och utrikespolitik.

En grön kommunalpolitiker twittrar: »Valet avgjordes av medelålders och äldre heteromän, deras stöd vanns med skrämselpropaganda.«

Det låter för enkelt. Okej, 63 procent av de vita männen röstade på Trump, men han hade aldrig vunnit utan kvinnornas röster. Och hur vet vi vem de vita männen ligger med? Jag irriteras av hur reflexmässigt segern skylls på dem som identitetspolitiskt är fel, det vill säga vita, äldre heteromän. Ifall svarta förväntas rösta på svarta och kvinnor på kvinnor, varför får just vita män inte välja utgående från sin identitet och rösta på en vit man? Hillary hade heller aldrig blivit kandidat utan hjälp av en viss vit, äldre heteroman, Bill.

Intressant nog visar analyserna snabbt att en ytterst knapp majoritet av vita kvinnor röstade på Hillary. Av de mindre utbildade vita kvinnorna röstade bara en tredjedel på Clinton. Hisnande, ofattbara 62 procent av de lägre utbildade vita kvinnor som överhuvudtaget deltog i valet gav sin röst till Donald Trump.

Statistiksidan Fivethirtyeight förebrår sig själv för alltför optimistiska prognoser och frågar sig var det matematiskt gick fel. Deras experter hade beaktat många olika valprognoser, som sammantagna uppvisade större sannolikhet för Clintons seger. Men en större sannolikhet utesluter ju inte att den mindre sannolikheten inträffar. Misstaget var egentligen inte matematiskt, bloggar en av sidans självrannsakande forskare. Det handlade mera om de slutsatser som drogs, om att han personligen inte förmådde tänka sig det mindre troliga alternativet som en möjlig verklighet.

Vänstern deklarerar att vi nu drabbas av neoliberalismens följder. Det får mig att höja på ögonbrynen, för min första egna tanke är att det vi ser är följden av vänsterns krasch, av att rikta in sig på alltför smala frågor eller gräva ned sig i de eviga, föråldrade skyttegravarna (typ facket mot arbetsgivarna, i Finland) och i synnerhet följden av att ge de mest olika företeelser stämpeln »neoliberal«. När ministerier styrs enligt malplacerade affärsprinciper är det neoliberalism. När inkomstklyftor ökar är det neoliberalism (inte till exempel konservativ högerpolitik). När nya system utvecklas för att värdera forskningsresultat är det neoliberalism, och så vidare.

Kanske de som röstade på Trump inte drabbats av neoliberalisering, hur det än definieras, eller ens av globalisering, utan röstade på honom för att de lärt sig hata en svart, klok, liberal president? Visst, de fattiga bland Trumps anhängare lider av att industrier läggs ned, men det är arbetsplatser som ändå hade försvunnit, förr eller senare, oberoende av graden av internationell handel. De lider säkert också av en ekonomisk trend där de rikaste blir rikare vem du än röstar på, så att den relativa ojämlikheten ökar. Det har republikanerna eftersträvat i årtionden, både de konservativa och de »neoliberala«. Men hur kan det räcka som förklaring till att välja Trump?

Segrarna gottar sig i hur fel experterna haft, igen. Brexit var otänkbart och skulle förorsaka ekonomisk kollaps, hette det, och Trump skulle inte vinna presidentvalet. Hur gick det så här?

Hittar på Twitter bloggen Intellectual Yet Idiot. Det är så jag känner mig, insatt men underkänd. Så tvärsäker på Clintons seger, så oförstående inför den här vändningen: intellektuell men idiot, förkortat till II. Bloggen är skriven av essäisten och statistikern Nassim Nicholas Taleb, som först blev världskänd genom begreppet »den svarta svanen«. Den svarta svanen är en vändning som ingen förutspått men som får stora konsekvenser. Det är en oväntad händelse utanför alla prognoser och scenarier, och som människor tenderar att undervärdera just för att den är så osannolik. (Liksom Fivethirtyeights statistiker bekände, kan det gälla matematisk osannolikhet men också emotionell osannolikhet, där man väljer att glömma hur ofta det regnar i London.) Den svarta svanen är nu prognoskonsulternas älsklingsord och en dylik flaxar ödesdigert över Washington. Taleb har utvecklat sitt roliga men bittra II-test och jag kan sätta krux i nästan alla rutor.

»II, den intellektuella idioten, läser *The New Yorker.*« Krux.

»II svär aldrig på Twitter.« Krux.

»II talar om ekonomisk ojämlikhet men går inte ut och dricker med en taxichaufför från en etnisk minoritet.« Krux, fast det skulle faktiskt vara ganska konstigt om jag gjorde det eftersom det inte just finns kvinnliga taxichaufförer, i synnerhet inte med uppenbar invandrarbakgrund, hos oss. Talebs värld är ganska så manscentrerad.

»II har sett fler än två TED Talks på Youtube.« Krux. Det välpaketerade TED-formatet med stora idéer på 20 minuter ingår numera i en intellektuell människas virtuella hylla.

»II skulle inte bara rösta på Hillary utan anser att alla som inte gör så är sinnessjuka.« Krux!

Det blir allt pinsammare, för mig: »I sitt bekväma förortshem (krux) med två bilar (krux, fast ena används egentligen inte) tyckte II att det var bra att ’avlägsna’ Gaddafi i Libyen för att han var en diktator, utan att tänka på att det har sina följder och utan att riskera sitt eget skinn (krux).«

Nu hettar det till i kinderna. Minns min naivitet gällande arabvåren, hur jag njöt av euforin vårvintern

2010. Jag minns hemmafesten i Oxford med akademiker från världens alla hörn, festen där alla gladde sig, nu gör araberna det, Östeuropas sammetsrevolutioner följs av arabvärldens demokratisering. Bara brittiske Robert, som vuxit upp i Mellanöstern och jobbat inom säkerhetstjänsten, lade viss sordin. Tror vi verkligen att de här revolutionerna skedde i arabländerna utan den hemliga polisens tysta samtycke? Jag hajade till men skruvade inte ned optimismen. Sex år senare, och hur många miljoner har dött i Nordafrika och Mellanöstern? Jag har inte ens koll på antalet lik och flyktingar. För att inte tala om att mitt eget skinn skulle ha tagit minsta skada.

Listan är inte slut.

»När II är i Storbritannien går han på litteraturfestivaler.« Krux. Fast hon.

»II dricker rött vin med biff (aldrig vitt).« Njaa, helst bubbligt, faktiskt.

»II brukade anse att fett är skadligt men är nu av motsatt åsikt.« Krux.

»II har nämnt kvantfysik två gånger i samtal som inte hade något att göra med fysik.« Stämmer antagligen.

Taleb accelererar: II har haft fel, historiskt, gällande stalinism (stämmer i mitt fall), maoism (nej, ändå inte), genmodifierad mat (tro att den är farlig att äta, nej, det har jag ändå inte gjort), Irak (vet inte om jag hade rätt eller fel), Libyen (stämmer in på mig), Syrien (stämmer), lobotomier (nej, var för ung för att ha en åsikt), stadsplanering (stämmer inte på mig) och låga kolhydratsdieter (stämmer, men bara någon vecka, räknas det?).

Och så vidare, en myriad mer eller mindre träffande och pinsamma poänger. Taleb är irriterande, men han skisserar det märkliga åsiktspaket många i västvärlden lever i just nu, där en del övertygelser blivit moraliska rättesnören medan andra skeenden förbises totalt. Där vissa grejer är sådant man gör, eller absolut inte gör.

De allra sista II-kännetecknen vill jag mest ta avstånd från:

»Den intellektuella idioten patologiserar andra för att göra sådant han inte förstår utan att någonsin inse att det är hans egen förståelse som kan vara begränsad. (...) När folket gör något som folket, men inte den intellektuella idioten, tycker är vettigt, kallar II det 'obildat'. Det som i allmänhet kallas att delta i den politiska processen benämner den intellektuella idioten med två olika termer: 'demokrati' när resultatet behagar, och 'populism' när folket röstar på ett sätt som går emot hans övertygelse.«

Följt av det sista, och avgörande, kriteriet: »Den intellektuella idioten är övertygad om att hans nuvarande åsikt är den rätta.«

Är jag det, övertygad om att jag har rätt? Inser jag inte att det just nu brister allvarligt i min förståelse av hur människor och världen fungerar? Visst är jag i alla fall, om inte annat, beredd att byta åsikt inför fakta?

Beslöt mig för att följa med hur jag tänker, vad andra omkring mig tycker, så ärligt som möjligt. Hur vi medvetet ändrar eller inte ändrar åsikt. Vad som hänt då blotta bilden av USA:s president får hundratusentals människor att må illa.

II

DECEMBER 2016

Det ser så svartvitt ut

10 december

En sjukligt lång månad.

Vi – det vill säga döttrarna och jag – har börjat titta på amerikanska komediprogram. *Saturday Night Live*, *Late Night* med Seth Meyers, *The Late Show* med Stephen Colbert. Av dessa hade jag bara kollat in SNL sporadiskt tidigare. Nu är vi klistrade vid Youtube. Hur vasst de går åt sin tillträdande president. Intellektet, humorn, modet.

JP tycker komediernas skratt låter konstgjorda och att vi bara slösar tid. Han skrev för länge sedan om risken att en krigstokig galning får makten i USA. Då var oron att en sådan president skulle dra Nato och dess europeiska medlemmar in i illa genomtänkta krig. Nu är oron att den fria världens ledare struntar i Natos österuropeiska allierade. Den senare oron delar jag mera än min man, som har betydligt större förståelse för Putins Ukrainapolitik än jag har. (Vi kan ha ett samtal om Trump, men inte om Putin.)

Dagen efter valet undrar Stephen Colbert hur man kan reagera. Vad bör göras? Den klassiska frågan, som var titeln på en rysk 1800-talsklassiker, ställs nu i väst. Både Seth Meyers och Colbert uppmanar publiken: Nej, flytta inte till Kanada, ni behövs här hemma! Men Colbert svarar också på frågan om vad som bör göras genom att leka sexig kattunge, med kattörondiadem och flörtiga skutt ut och in i rutan. Kanske det är då som han, lustig, lekfull och desperat, vinner mitt hjärta. Den här vimsiga desperationen kan jag förstå.

Senare läser jag att hans team undrat hur de alls kunde fortsätta göra showen, vilken plats det längre kunde finnas för komik i det nya läget. Liksom alla andra hade de haft färdiga sketcher för Hillary Clinton som nyvald president.

Ringer min moster i New York och är lyrisk över nivån på tv-underhållningen. Hon påpekar att ingen som röstade på Trump skulle se på de tv-programmen, de ser endast på Fox News.

Komikern Randy Rainbow, vars musikalnummer kring presidentvalet jag älskade, har fått något hårt i blicken. Han blev världskändis med en snillrik Mary Poppins-parodi till stöd för Hillary. Poppins »supercalifragilisticexpialidocious« blev »super-callous fragile egocentric braggadocious«. Den video han nu satt ut på nätet går ut på att han spyr över Trump i olika ämbar. Det känns varken roligt eller träffande. Men igen, den fysiska aversionen, illamåendet.

Var det så många republikaner kände då de såg Obama? Hur ändra på den reflexen?

Ariel är halvt utflyttad till nyfunnen bostad, JP på resa. Tre sovrum i rad på vår övre våning. Vi är som nornorna, eller det magiska kvinnosläktet i Neil Gaimans roman *Oceanen vid vägens slut*, fast då blir jag den uråldriga mormodern Hempstock som är äldre än världsalltet och det är jag kanske inte riktigt färdig för ännu. Hur som helst: I det första rummet, med Leonardo di Caprio och U N I C O R N S i lösdekaler från Ikea på väggen, ligger en 10-åring som med en samtidigt sur och förtjust inställning lär sig att hon nu borde börja använda deodorant, kroppen sjuder. Humöret har också börjat sjuda. I mittenrummet sover en ung kvinna i den första fulla blomningen av skönhet och intellekt, inredningen går i vitt och koppar och var sak vet sin plats. I det sista rummet somnar jag, en medelålders kvinna som inlett den så kallade övergången till en annan ålder. Detta är det enda rum där krukväxterna har en chans och väggarna oljemålningar. Bokhyllan är överfull av osorterade foton, tidningar, böcker och allt som inte ryms annanstans. Jag tänker att jag nu inser hur det hela går till. Livet, det vill säga. Man dör inte på en gång utan tvinar bort, gradvis. Möjligheter stängs, hår grånar, snabbheten sinar, leder stelnar, lusten försvagas, midjan försvinner, hjärnan krymper, motståndskraften sänks, motivationen sjunker.

I Doris Lessings rymdvärld Shikasta beskrivs åldrandet på jorden som en universell anomali, ett felsteg, en »degenerativ sjukdom« som besökarna från andra planeter finner högst pinsam och beklaglig.

På jobbet säger en kollega, som fyller 65: »Åldern är bara en siffra.« Ännu ett politiskt korrekt sätt att bedra sig själv på, tänker jag tyst för mig själv.

Jag är 50, anses se yngre ut än min ålder och skäms för hur girigt jag suger i mig det smickret. Störs av hur människor hoppar till, i synnerhet om vi sitter i ett rum med mild ljussättning, när jag talar om min 20-åriga son. En ofrivillig ryckning när de tyst adderar: hon är minst 45.

Två händelser den här månaden har fört diktaturen närmare mig.

Först de välvårdade, smarta, snygga tjänstemännen och -kvinnorna jag under en konferens möter på ministeriet. Inte alla, men tillräckligt många har full förståelse för Finlands nuvarande flyktingpolitik. En av ministeriets tjänstemän har twittrat om hur hemskt det känns att komma till arbetet efter att någon sprejat graffiti på ministeriets väggar, i protest mot avvisningarna av asylsökande till länder som Afghanistan och Irak. Det är det personliga angreppet som verkar bita, som skapar obehag och möjligen skam, inte avvisningarna i sig.

Vi går igenom hur många, eller snarare hur få, av de flyktingar som nu får stanna i Finland som kan återförenas med sina familjemedlemmar. Forskarnas analyser visar att kring en procent av syrierna med flyktingstatus kommer att kunna återförenas med sin familj, ifall de måste uppfylla de inkomstgränser Finlands regering ställt som villkor för familjeåterförening. Följaktligen skulle 99 procent inte kunna leva i Finland med ett barn eller sin gemål. Några av tjänstemännen är inte nöjda. »Det ser så svartvitt ut«, invänder en. En yngre forskare påpekar sakligt att en orsak till att statistiken ser så svartvit ut kan vara att situationen är ganska svartvit. Eller svart, tänker jag, men säger inget. Efteråt tackar jag forskaren.

Den andra händelsen är skandalen som hela landet talar mest om just nu, statsminister Juha Sipilä och Ylegate. Statsministern har bombarderat en journalist från det statsägda mediebolaget med mejl, och det verkar som om detta fått Yle att foga sig. Ett planerat, relativt oskyldigt och litet inslag om statsministerns släktingars privata bolag lades plötsligt på hyllan under veckoslutet, efter att Sipilä protesterat på fredag kväll.

Någon twittrar dagen efter: »Jag somnade i Finland, men vaknade i Polen.« Just så känner jag också. Paralleller dras till andra självsäkra affärsmän utan erfarenhet från politiken, och hur det går med demokrati och oberoende journalistik då de får makten. Är det vår tur att bli en demokratur, som litteraturkritikern Trygve Söderling skrev i *Nya Argus*, i vilken »demagogi ersätter det kritiska samtalet, despoti är ändstationen»?

Statsministern beklagar sig över att han får arga e-postmeddelanden efter att det skrivits om honom i media. Precis som med ministeriet märks det att denna direkta respons från väljarna når honom emotionellt. Men hans eget beslut att sända flyktingar tillbaka till ett land där de kan torteras eller dödas upprör inte, inte så det syns i offentligheten åtminstone. Fast mamma, som hört samma Sipilä tala på minnesdagen av Förintelsen, sade att han var imponerande och moraliskt övertygande. Han hade framstått som en sann landsfader och var tydligt personligt berörd.

Värst med Ylegate är den slipade, smarta chefen för Yles finska nyheter som det sägs att lade sordin på sina journalister. Han verkar nu ha förlorat den chefsposten, trots att han kvarstår som chef för finska nyheterna. Jag frågar en bekant journalist om sagda chef verkligen är så hemsk som det påstås. Kanske hans mediebild inte heller förmedlar hela personligheten, som med Sipilä?

Journalisten vill inte säga annat än att denna chef kallas »den leende döden«.

Hur påtagligt det auktoritära hotet plötsligt blivit. När utländska vänner klagade över nya ledare som Putin i Ryssland, Orbán i Ungern 2010, först Kaczyński och nu Duda i Polen, lyssnade jag deltagande och intresserad. Nu ser jag samma tecken i vardagen omkring mig och det kryper i skinnet. Tidigare otänkbara övertramp görs av dem med makt. Tidigare oskådad foglighet syns hos dem som får lön av dem med makt.

Antagligen har jag bara blivit mindre naiv, tänkte jag först. Men någon vecka senare träffar vi filosofen Thomas Wallgren och dramaturgen Laura Ruohonen. De talar också om sin känsla av att något förändrats just den här hösten. Thomas, som alltid haft ett starkt globalt och moraliskt perspektiv och är politiskt aktiv, håller alltså med min soffpolitiska intuition. En vardaglig förskjutning, en skyddsfilt som slitits bort. Insikten att det håller på att bli sämre och ännu kan bli alldeles väldigt mycket sämre.

Vad göra? Amerikanerna protesterar som aldrig förr. Mina släktingar och bekanta deltar i demonstrationerna. Andra amerikanska vänner bannlyser media, koncentrerar sig på sin egen vardag, vill inte att Trump nämns hemma (»den-som-inte-får-nämnas-vid-namn«, som i Harry Potter-serien gällande Voldemort, eller i folksagorna gällande vargen). Psykologen Monica Ålgars skriver i sin kolumn i *Hufvudstadsbladet* om hur alternativen till helhjärtad politisk aktivism känns så futtiga: Kanske kan vi vara snällare mot varandra? Vad annat?

Med den äldre dottern besöker vi Dachau. Den söta lilla staden befinner sig 20 minuter med närtåg från München, där jag har en arbetskonferens. I Dachau byggdes ett av de tidigaste koncentrationslägren, upprättat för att straffa snarare än utrota. Desto mera isande ter det sig. Jag är rädd för min egen sentimentalitet (ålder, igen) och då jag kvällen före läser Dachaus nätsidor med den oändliga förteckningen över de avlidnas namn strömmar tårarna. Besöket i dagsljus blir ändå lämpligt sakligt. Vi ser byggnaden där den första kommunistiska fången på 1930-talet torteras ihjäl i »bunkern«, den har en smal och lång korridor med tjocka celldörrar direkt från en B-skräckfilm (upplyst av de runda vita 30-talslampor jag dittills älskat och inrett vårt funkishus med). Vi slutar i barackerna där över 4 000 fångar avlider den sista månaden av kriget, oftast i tyfus. Stadsbornas hus ligger vägg i vägg med koncentrationslägret, då som nu.

Det är tyfusfångarnas uppstaplade lik i Dachau som de amerikanska soldaterna tog de första fotografierna av, och som hör till de ikoniska bilderna av Förintelsen. Själv såg jag dem för första gången i en liten svartvit tv på 1970-talet. Jag minns hur mamma säger att de här bilderna måste alla känna till, titta inte bort. Efter kriget tvingade amerikanerna de välborna Dachauborna till lägret mitt i staden, för att även de skulle sluta titta bort. På bilderna syns de gråtande då de lämnar barackerna i sina minkpälsar. Efter det tog det ändå två hela årtionden innan staden Dachau gick med på att resa ett minnesmärke över koncentrationslägret. Det lättaste, då man felat: att försöka glömma.

Och nu, två generationer efter koncentrationslägren, framstår Tyskland som den starkaste demokratiska ledaren i hela världen. Samt den enda världsmakten med en kvinnlig ledare.

Jag som hade gottat mig åt att ha Tysklands kansler Angela Merkel som faktisk ledare för EU, franska Christine Lagarde för Internationella Valutafonden, och så Hillary Clinton i USA. För att inte glömma Theresa May som barnmorska för post-EU Storbritannien.

Jag träffar en enda vän som tar Trump med ro. »Och än sen då? Det kan ännu födas något gott ur det här.« Det lindrar domedagskänslan för en stund. Ändå tror jag inte på hans optimism. Det känns som om en oåterkallelig linje överträtts, i världen, i allas våra liv. Nu gick det fel.

Jag drömmer om Trump, fast vet inte om mannen i drömmen är den riktiga eller alla parodier jag sett. Är alltså osäker på om jag drömt om Trump eller om parodin på Trump, liksom på om det finns någon meningsfull skillnad mellan de två.

Undrar vad Trump och hans anhängare tänker om sagorna. Hur kan de läsa *Sagan om ringen*, *Harry Potter* eller egentligen vilken som helst folksaga med tydliga hjältar och skurkar utan att inse att de själva är de onda? Hur kan de låta bli att märka att de tycker och beter sig som Tolkiens Sauron, eller Rowlings Draco Malfoy? Eller är det möjligt att de – som vi – identifierar sig med Frodo, Galadriel, Harry och Hermione? Med dem som är vänliga, osjälviska, trogna och modiga och slåss för sanningen?

Skriver ett blogginlägg om regeringens beslut att begränsa jouren på centralsjukhuset i Vasa. Det bärs av en förbluffad ilska som egentligen när sig av mitt tidigare obehag inför ministeriets tjänstemän. Tjänstemännen reagerar starkast på den direkta personliga kritik de får, och jag i min tur reagerar starkast på den direkta kontakten med tjänstemännen. Mer än av siffrorna över de flyktingar som inte kan få hit sina barn berörs jag alltså av hur tjänstemännen inte berörs av dem ...

Minns hur Doris Lessing skrev att hennes roman *The Good Terrorist* föddes ur ilskan över Rysslands invasion i Afghanistan. Romanen handlar om hur en godtrogen engelsk kvinna utför en dödlig bombattack i London för att stöda Irlands terrorister. Afghanistan och terrorism hade inget med varandra att göra då. Nu, i efterhand, visar det sig att Lessings emotionella länkar avspeglade ett kommande världspolitiskt sammanhang: Ryssland i Afghanistan gav upphov till 2000-talets muslimska terrorism. Hon med sin sufiska filosofi hade säkert uppskattat den här mystiska dimensionen. Nej, jag jämför mig verkligen inte med Lessing annat än att jag nu själv märker hur en viss indignation färgar ett helt annat tema. Det känns inte som att jag kan formulera något om flyktingpolitiken som inte redan sagts. Andra har gjort verkliga insatser, likt brevkampanjen som författarna Merete Mazzarella och Monika Fagerholm startade, där hundratals skrev personliga brev till statsministern (som han ignorerade).

Jag kan inte heller skriva direkt om mina upplevelser på ministeriet, så jag bloggade om svenskans ställning i Finland.

Texten blev argare än vanligt och jag undrar lite över att min av hävd finsk- och centervänliga arbetsplats utan vidare lät mig publicera den på vår blogg. Olika människor kommenterar, tackar, berömmer. Ungdomsbekanta delar med sig långt och intressant i privata Facebookmeddelanden om hur bristen på läkare som talar ens modersmål påverkar vården.

Stommen i min murknade finlandssvenska identitet känns starkare igen. Det är konstigt hur just Svenskfinland är ett stöd som på riktigt finns där, lite som avlägsna släktingar man kan vända sig till med en oväntad begäran.

Under den här månaden försöker en släkting ta livet av sig. Det misslyckas. Hen drabbas av en följdsjukdom och vårdas för den. Sedan skrivs hen ut och ska klara sig själv, eftersom kroppen formellt är frisk, fast själens desperation är total. Den berörda själv tycker att lösningen är att försöka ta sitt liv igen. Detta vet läkarna, ändå skriver de ut patienten. Den vård som erbjuds har prövats, många gånger om, och fungerar inte.

Det som behövs, men saknas, är sjukhusplatser för långtidssjuka. Men det går inte längre att leva som en halvt självständig patient på en institution, av kostnadsskäl. När jag beskriver återvändsgränden som min släkting råkat i påminner en vän om hur många plågade konstnärer som tidigare levde på sinnessjukhus. De hade ett arbetsrum där och det fanns något slags överenskommelse. Sjukhuset fick tavlorna och patienten fick mat och vård, ungefär.

III

JANUARI 2017
Ignorant och idiot

10 januari
Minns från nyårsaftonen rundan då alla berättade om en god händelse de upplevt under förra året. Jag hade fått idén av mina föräldrar, som varit på en middag där detta prövats för att undvika att tala om Trump. Säkert sprids den snabbt: behovet att inte endast förfasa sig över världens gång utan bejaka det goda i vardagen, i varandra, på jobbet. Bland det som nämndes hos oss på nyårsafton fanns: Lära sig segla och fungera som kapten. Styrketräna regelbundet för första gången. Visa mer kärlek mot sina föräldrar. Inspireras av den nya läroplanen i arbetet med elever. Inse sina egna bedrägliga motiv.

Mina nyårslöften: Undvika att tala illa om andra. Undvika att ge negativa kommentarer, det lönar sig inte och jag blir bara själv nervös ifall andra såras. Skaffa mig en mentor för att förstå vart mitt arbetsliv är på väg. Lära mig göra dubbelpiruett igen (fast det är inget löfte om förbättring utan lätt gjort, försöket alltså, om än inte resultatet, baletten är något jag älskar). Ordna så vår familj igen får en längre tid utomlands. Delegera eller neka till allt utom det som är absolut viktigt, finansiellt (för institutet och vårt lilla men goda team) eller innehållsmässigt (vetenskapens framskridande, hehe). Undvika e-post, Twitter, Facebook … Men hur? En dag? En del av dagen? En timme?!?

Det är de som blev utanför globaliseringen som valde Trump, säger kollegan.

»Vadå utanför«, fräser jag till, alldeles för irriterat inte minst med tanke på nyårslöfte nummer två. »Vad jag vet har de smarttelefoner, billiga flyg, internet och sociala medier samt massor av konsumtionsvaror.«

Just nu har jag bara förakt till övers för Trump-Amerika. Om jag är en intellektuell idiot är de bara idioter. Ignoranta idioter. På vilket sätt skiljer de sig från nazisterna? Inte från de nazister som utförde medicinska experiment på krigsfångar och barn, utan från de vanliga nazisterna, den banala ondskans stöttepelare. Likt invånarna i Dachau, som vägrade inse vad som hände bokstavligen runt hörnet eller bakom bakgårdens stängsel. Eller insåg, men struntade i det och efteråt helst hade glömt bort det hela. Nazikortet blev överanvänt under kalla kriget men någon relevans har det ju. Jag har aldrig hört någon säga »vi måste förstå tyskarna på 1930-talet, hur arga och ängsliga de var« – fast levnadsstandarden då var mycket lägre och tillgången till information sämre än vad den är i dagens USA.

På salon.com intervjuas psykologen George Lakoff om orsakerna till presidentvalets utgång. Han menar att den enorma kritiken av Trumps lögner stärkte Trumps varumärke. Samt att Clintons kampanj antog att människor rationellt skulle rösta på den kandidat som föreslog de vettigaste politiska åtgärderna för deras egen livssituation. Clintons läger antog att väl valda sakfrågor, »issues«, gällande utbildning, hälsa och invandring skulle få rätt grupper att rösta på henne. De räknade också med kvinnornas röster för en så stark kvinnlig kandidat. De misstog sig, för det som hände var i stället att fattiga konservativa människor röstade emot sina ekonomiska intressen medan konservativa kvinnor röstade mot sitt kön. Det, menar Lakoff, beror på att de gav sin röst utgående från sin världssyn och sina värderingar. »De kommer inte att rösta mot sin egen definition av vem de är.« Att vara religiös, eller mot abort, vägde tyngre än bättre ekonomi och demografisk tillhörighet.

Men vad tänka om sådana värderingar, en sådan världssyn?

Religionen är en blind fläck i vänsterns lista över identitetsmarkörer och politisk korrekthet. Som om religionen inte riktigt fanns, eller var något helt privat. Religionen saknas till och med från Talebs uppräkning över de intellektuellas käpphästar och villfarelser, men listan kunde ha inbegripit: »Intellektuella idioter har ingen förståelse för religionen som en grupptillhörighet. Intellektuella kan ibland, i synnerhet som medelålders, gå in för ett personligt sofistikerat religiöst engagemang, men de förstår inte religionen som kulturell tradition och rättesnöre.«

Minns det essäsvar jag en gång blev visad, från Georgien, där en finländsk sociologkollega hade föreläst. Svaret löd ungefär: »Jag tog den här kursen i postmodern konsumtionskultur. Under den blev jag troende muslim. Jag förstod att väst inte har några värderingar.«

Det är ett grovt, enskilt exempel. Men träffande.

Det visar sig att jag kan ha gissat rätt angående sagorna. Läser om ett barn i Storbritannien som tvingats leva inlåst i en bostad med en liten sekt i över trettio år. Sekten inbegrep två vuxna kvinnor som levde isolerade med den manliga kultledaren, en av dem fick barnet i fråga. Sektledaren var barnets biologiska pappa, men det visste dottern inte. Som ung fick den här flickan aldrig gå ut eller träffa andra. I något skede gav sektledaren henne *Sagan om ringen* och *Harry Potter*. Han hade själv identifierat sig med de goda hjältarna, Aragorn och Harry, och givetvis fostrat henne att lita på honom. Men då dottern läste sagorna insåg hon att sektledaren i själva verket betedde sig som de onda, Sauron, Malfoy och Voldemort. Det var då hon på allvar började planera att fly, berättar hon nu.

Harry Potter-böckernas författare J.K. Rowling går hårt, rasande argt ut mot Trump.

20 januari

Trump svär presidenteden. Fånigt nog undviker jag fortfarande att egentligen titta på honom, det är som en rädsla att smittas av något skamligt eller förvandlas till sten ifall min blick möter hans på skärmen. Men jag lyssnar på hela ceremonin. Har aldrig hört honom tala förut. Retoriken är hisnande skrämmande. Ordvalet i det talet, liksom i tv-intervjuerna efteråt. »The world is a mess. The world is an angry place.«

Värst och mest förbluffande är rapporterna om stående ovationer. En politisk ceremoni i USA beskrivs med ordagrann sovjetrysk retorik. Har de aldrig läst utskrifterna av Stalins tal? De med »ihållande, stående ovationer« till den älskade landsfadern?

Diskussionerna handlar om ifall Trumps oberäknelighet också kan vara ett plus. Han kan ändra sig i klimatfrågan, vilket vicepresident Pence aldrig skulle göra. Att satsa på infrastruktur kan också vara helt vettigt och i det avseendet är demokraterna villiga att stöda presidenten.

Veckan inleds sedan med att Trump inför ett reseförbud mot medborgare från sju länder med muslimsk majoritet. Irak, Iran, Jemen, Libyen, Somalia, Sudan och Syrien – flera av dessa mitt i sällsynt blodiga konflikter och förföljelser – dock inte länder där terrorister som anfallit USA vuxit upp. Alla (i min krets) är djupt skakade. *Svenska Dagbladet* preciserar dock i ett tidigt skede att dessa länder funnits på en liknande lista som Obama ska ha gjort upp tidigare. Genom att inte inkludera Saudiarabien är den nuvarande visserligen ologisk, men Trump försvarar inte bara sina egna affärsintressen, utan hela USA:s, säger *Dagbladet* också. Det argumentet, sant eller inte, drunknar snabbt i mediestormen och resenärernas och immigranternas oro. Kaos på flygfälten, motstridiga order till tjänstemän och funktionärer.

Min moster arbetar i en kyrka på Manhattan som länge planerat att motta en flyktingfamilj från Syrien. Församlingen hade hyrt en våning och försett den med mat och vinterkläder. I och med reseförbudet kunde flerbarnsfamiljen inte resa till USA.

Financial Times sammanfattar: »Vi har, kort sagt, nått slutet både på en ekonomisk period – globaliseringen ledd av väst – och ett geopolitiskt tidevarv – den 'unipolära' tiden efter det kalla kriget då världsordningen leddes av USA.«

Prenumererade på *New York Times*. Det låter kanske ädelt men är det ingalunda, jag gjorde det först efter ett erbjudande om 50 procents rabatt och eftersom jag ideligen stött på betalväggen på nätet i mitt sjukliga Trumpnyhetsläsande. Hade tänkt, sagt att jag skulle prenumerera från och med Trumps seger, så det har tagit mig två månader att komma till skott. Borde också börja stöda *The New Yorker* och *Washington Post*, »demokratin dör i mörker«, som *The Posts* motto påpekar. Men min syster prenumererar redan på den senare och jag fick just pappas koder till den förra. Den internationella solidariteten med demokratins stöttepelare har med andra ord inte kostat mig många euro hittills ... För att inte tala om de skratt och den tröst de här tidningarna ger mig. Dessutom har jag förtjänat kring hundrafalt mera än jag gett ut, i och med aktieboomen som Trump orsakade.

Mår bättre. Sol, ny hormonspiral, Vivis balettimmar. Ändå fortsatt vemodig förnimmelse av livets och världens skörhet och ändlighet. Världen kan gå under, av krig eller klimatförändring, och det är vårt fel. Antar att pessimismen beror på Trump kombinerat med egen ålder.

Tänker på den outsägliga fördelen i att ha hittat just en lärare som Vivi, som märker exakt vad i kroppen som är för hårt, spänt, på fel sätt buktande och onödigt vridet. Hur hon dessutom får den insikten att fungera för en hel grupp, så att vi alla tycker att just våra leder rätats och slätats ut och efter timmen euforiskt svävar till omklädningsrummet. Hur många år kan det här fortsätta, för mig, för vår grupp på Tamara Rasmussens dansinstitut, i bästa fall? En av oss deltog tills hon var över 80, hon har fött åtta barn, är vidjesmal fortfarande, och syr dessutom uppvisningskläder till barnbarnsbarnets grupp. Det var härligt att höra henne säga »mommo kommer just« till sagda barnbarnsbarn då det var hennes egen dotter som skulle komma. Så här blir familjelivet då befolkningen åldras. Tyvärr har jag inte sett till henne den här terminen.

Trump utnämner vita män till sin närmaste krets. I *London Review of Books* jämför författaren Rebecca Solnit de olika sätt på vilka Trump och Pence förkroppsligar patriarkatet. Presidenten är det »uppknäppta patriarkatet«, alfamannen med ölmage och hängig kostym, ansiktet grimaserande som en clown. Vicepresidenten är det gammalmodiga, högst tillknäppta patriarkatet, »smala, snaggade, ständigt spända Mike Pence«. Pence som antastat rätten till abort och familjeplanering liksom Trump antastat skönhetsdrottningar.

Pence är värre, tycker både Solnit och de flesta jag talar med. Själv är jag inte så säker.

Solnits artikel innehåller feministiska överslag, hon ser det som självskrivet att äldre konservativa män måste vara kvinnohatare. Jag tänker på min morfar, en äldre konservativ man, och på min vän och kollega i Oxford, dito. Ingen av dem skulle någonsin uttrycka kvinnohat varken i ord eller handling, och de hade inga svårigheter att acceptera och beundra till exempel kvinnliga chefer eller politiska ledare.

Men jag frossar i hur Solnit går åt dem som vägrade rösta på Clinton, vare sig de var konservativa äldre män eller ultravänsterkvinnor, typ skådespelaren Susan Sarandon (som jag aldrig någonsin kan förlåta, det var den här typens bortfall av röster som fick vågskålen att tippa över till Trumps fördel). De som tyckte att det var rätt att vägra rösta på Clinton för att på något bisarrt sätt kunna straffa henne för alla påstådda synder. När resultatet blev ett långt värre straff för USA – och resten av världen – blev till mitt och vårt straff, fast vi inte ens fick rösta.

»Hillary Clinton var det enda som stod mellan oss och en hänsynslös, instabil, okunnig, korkad, oändligt vulgär, klimatförändringskritisk, vit, nationalistisk kvinnohatare med auktoritära ambitioner och kleptokratiska planer«, sammanfattar Solnit.

Mot sig får Trump Sally Yates, justitieminister under övergången. Yates vägrar godkänna hans inreseförbud och blir avskedad. En bokstavligt och bildligt rakryggad professionell kvinna som för några dagar förkroppsligar det värdiga och kloka motståndet. Det skadar inte att hon, som Colbert påpekar i sin *Late Night Show*, dessutom ser ut som filmstjärnan i den kommande filmen om sitt eget hjältemod.

Här är skillnaden mellan USA och Ryssland, tänker jag imponerad, här visar den amerikanska demokratin att den inte är ett tomt ord. Jag växte upp med vänsterns kritik av USA som ett skenheligt och genomkommersialiserat samhälle, så landets svagheter är ingen större överraskning. Men nu förstummas jag av beundran inför rättsväsendets och journalisternas värdiga professionalism.

För att inte glömma gräsrötterna. En kvinna berättar på National Public Radio hur hon ringer i ett skolärende till en annan förälder, som avslutar samtalet med »Resist!«. »Gör motstånd!«, i stället för »Bye, bye«, som om det redan var en vardaglig hälsning. *Hunger Games*, någon?

1 februari

I månadsskiftet är jag i Uleåborg för att intervjua unga om deras tankar kring familjebildning. Nativiteten sjunker i Finland för femte året i rad och mitt forskningsinstitut borde kunna förklara varför. Sitter i universitetens grå små seminarierum och hör på manliga mekanikstuderande och kvinnliga språkstuderande. Visst, de vill ha barn, det hör ju till, men inte nu ... Vi har så bråttom, så mycket att göra! säger de, och jag nickar med neutral och saklig uppsyn men ler brett inombords. De tror faktiskt att livet sedan någon gång, efter att de blivit jättegamla och fyllt 30, blir mindre hektiskt.

Vandrar i tidig skymning över snötäckt is till min bed utan breakfast där jag lever inkvarterad några nätter. Sover ytligt och saknar den normala väckningen då Sylvia, som ofta stiger upp tidigare än vi föräldrar gör och givetvis genast kollar vad som hänt på klassens Whatsappgrupp, stormar in i vårt sovrum med nyheter från hennes värld. »Vet ni vad som har hänt?! En på vår klass stavade morgon med 'å'!«

I dag ringer hon i stället. Denna morgons nyhet är ännu mer dramatisk. Beyoncé ska få tvillingar!

På sociala medier är man redan vild av glädje. Den överlägset bästa och populäraste kvinnliga popartisten har en flicka och ska nu få fler barn. Många kommenterar hur popstjärnans fruktsamhet känns extra viktig, livsbejakande, »i dessa tider vi lever i«. Nyheten tillkännages snitsigare än för någonsin en kungafamilj. En väl avvägd kungörelse på Instagram saknar orden graviditet, barn eller baby. »Vår familj har blivit välsignad, två gånger«, skriver maktparet Beyoncé och Jay Z. På bilden är hon ensam, avklädd och högtidlig.

Under tågresan tillbaka söderut känns det bra att googla annat än Trump. Beyoncés familjeliv är som ännu ett bevis på Motståndet. (Hon stödde Clinton, förstås, och förra årets megahit *Partition* var ett öppet politiskt ställningstagande för kvinnors och svartas rättigheter.)

Alla sprider bilden med den vackra kvinnan och hennes putande mage i tropiska färger. Inramningen är mytisk och österländsk. En svart, modern madonna, naken förutom slöja och blommor. Det uppknäppta matriarkatet slår tillbaka.

IV

FEBRUARI 2017
Vad människor vill ha

10 februari
Jag har blivit fullkomligt osunt beroende av Trump. När jag går hem från jobbet nynnar jag på »Grab them by the pussy« i Randy Rainbows parodi från i höstas, eller *Saturday Night Lives* Kellyanne Conways musikalnummer. »And when the world goes up in flames, at least they will all know my name: Kel-ly-anne-Con-way!«

Jag ser ingen skillnad mellan den verkliga Donald Trump och Alec Baldwin, som spelar Trump i SNL. I dag står det att en asiatisk tidning hade gjort samma misstag och tryckt en bild av Baldwin i stället för presidenten. Jag måste se Seth Meyers och Stephen Colberts shower varje dag. JP tycker det är helt onödigt och inte heller döttrarna orkar längre med vare sig Seth eller Stephen, men jag lyckas locka Sylvia att titta på varenda »everysecondwins«. Den serien videor föddes på någon vecka då tv-komiker i olika länder började parodiera Trumps världssyn och

»America First«. USA kan visst få vara först, men snälla, är det okej om vi är nummer två? Vi har också fina murar och kvinnoförtryck. Holland inledde med sitt anspråk på andra plats. Tiotals europeiska länder gjorde sina varianter, nu finns det videor från Afrika och Asien, till och med finlandssvenska ungdomskanalen x3m gjorde sin egen. (»Vi har de bästa orden! Krabbis, mössörön och nakupelle. Inte ens svenskarna förstår dem. Idioter.«)

Premiärminister Theresa May ska tala om vad Brexit egentligen betyder för Storbritannien (utom, som hon förklarade i det redan bevingade uttrycket, att Brexit betyder Brexit). Min syster som arbetar med EU-juridik i Sverige säger att förhandlingsläget är ovanligt virrigt på båda sidor. Hon störs av hur enormt mycket av hennes eget arbete under överskådlig framtid kommer att gälla en process som inte för EU eller världen framåt, utan endast går ut på att minimera skadorna.

Ett av demografiforskningens flaggskepp, tidskriften *Population and Development Review*, publicerar ett specialnummer om EU-omröstningens resultat i Storbritannien. En äldre brittisk demograf som länge arbetat för att Storbritannien skulle lämna EU kommenterar, liksom en yngre demograf som absolut ville stanna i unionen. Jag läser nyfiket, också eftersom jag känner båda, och för att de dessutom råkar vara nära kolleger till varandra.

Det som mest överraskar mig är hur likadana de två analyserna är. Båda utgår från de senaste decenniernas inflyttning, den snabba internationalisering som den äldre demografen David Coleman benämnt »den tredje demografiska transitionen«. Med den första demografiska transitionen avses den stora förändringen i och med industrialiseringen, då barndödligheten och fruktsamheten sjönk samtidigt som människor började leva längre. Det var då vi fick den befolkningsdynamik som numera råder i nästan hela världen. Begreppet den »andra transitionen« används för att beskriva den uppluckring av traditionella familjevärden som började i väst i mitten av 1900-talet. Samboende, skilsmässor, fri sexualitet, regnbågsfamiljer, nyfamiljer, en betoning av individens rättigheter och känslornas betydelse. Det är oklart i vilken grad den här »andra« transitionen någonsin kommer att bli global, och dess följder för parbildning och fruktsamhet är inte heller särskilt uppenbara. Vissa ser också den andra, kulturella transitionen som en liten frans i den första transitionens breda väv.

Hursomhelst hävdar Coleman nu att befolkningarnas etniska blandning är en snabb och världshistoriskt unik förändring. En tredje transition, där urbanisering och migration blandar folk, religioner och kulturer. Den här processen är ännu inte särskilt uppenbar i Finland, för att inte tala om Japan eller Kina som inte godkänner just någon inflyttning alls ... Men immigrationen till Storbritannien har verkligen varit betydande. Under sin tid som premiärminister öppnade Tony Blair medvetet landet och dryga tre miljoner flyttade dit mellan 2001 och 2014. Samtidigt har det fötts fler barn i Storbritannien än i de flesta andra EU-länder, så befolkningen växer ordentligt.

Den här förändringen är Colemans utgångspunkt. Antalet östeuropéer i Storbritannien ökade med en miljon på tio år, utan tillräckliga förberedelser för att öka antalet platser inom undervisning och hälsovård. EU framstod som orsaken till immigrationen och erbjöd heller ingen attraktiv motvikt: en union ledd varken av sina folk eller av sina ideal, som det sagts. Coleman noterar med uppenbar förtjusning den front av liberala experter som förutspådde omedelbar ekonomisk kollaps och värre ifall folket röstade för Brexit. Listan över kollapsprognosmakare är pinsamt bred: landets samtliga tidigare premiärministrar samt den dåvarande premiärministern, de flesta parlamentsledamöter, finansministern, EU:s samtliga politiska ledare ...

Den här poängen känns viktig. De liberala experter som förutspådde Clintons seger i USA hade inte helt fel, vet vi nu: hon fick mest röster. Men de liberala experter som förutspådde omedelbar ekonomisk katastrof efter ett ja till Brexit högg i sten. Hur förklaras det?

Den ekonomiska skrämseltaktiken fungerade inte av två orsaker, menar Coleman. För det första röstade britterna enligt honom inte av ekonomiska orsaker. De röstade för självbestämmande, mot utlänningar, mot immigrationens kulturella och demografiska följder. Jag minns Lakoffs kritik av den agendacentrerade politiken med sina »issues«, en politik som inte förstod att amerikanerna röstade enligt sina värderingar, och därför valde Trump eftersom han kunde förenas med en viss kulturell eller religiös identitet. Men när strider det mot ens egna intressen att prioritera värderingar över ekonomin? Vem kan avgöra det? Sker det bara då värderingarna är förvridna? Är det ok att vi röstar enligt våra värden (mänskliga rättigheter) men inte ok att andra röstar enligt sina (katolicism, till exempel)?

För det andra, fortsätter Coleman, talade »remain« eller »stanna kvar« inte om unionens fördelar utan om hur mycket värre det skulle bli att gå ur. Bara sju procent av dem som röstade för att stanna sade sig ha en djup anknytning till EU. Det är som att be dig fortsätta leva med mig, inte för att vi har det bra tillsammans, utan för att du aldrig skulle klara dig utan mig. Inte särskilt lockande.

Det ironiska här är att så många ljumma EU-anhängare, däribland jag själv, fick en stark känsla för unionen för första gången någonsin i och med Brexit. Till och med JP, som alltid velat att Finland ska lämna EU och retar sin omgivning genom att säga sig stöda Paavo Väyrynens utrikespolitiska linje, verkar inte längre lika säker på att en Fixit skulle fixa det.

Själv kan jag inte finna en enda godtagbar orsak att rösta på Trump, om man inte äger kolgruvor, men jag kan förstå vissa av skälen att rösta för Brexit. Coleman betonar att denna folkomröstning var en äkta arbetarrevolution: 17,41 miljoner röster, med stark representation av de lägre utbildade. Röstantalet är högre än vad som någonsin getts till stöd för en enskild sak i Storbritannien.

Också den yngre demografen som kommenterar Brexit, Stuart Basten, betonar i sin analys i *Population and Development Review* följderna av migrationen. Han beklagar att högerregeringen förde en sällsynt sträng åtstramningspolitik samtidigt som konsekvenserna började märkas i vardagen. Det gick inte att bygga fler skolor eller rädda hälsovården från en allt djupare kris: vi har inte råd, hette det. Befolkningen förändrades påtagligt medan politikerna varken ville eller kunde anpassa samhällsstrukturen. Detta rev djupa sår i den engelska folksjälen, förvärrade av rubriker som »Englands gröna fält måste bebyggas så att migranterna ska få nya hem« i högerns press. Just inga medier eller politiker lyfte fram immigrationens positiva sidor, och inget av de stora partierna var entydigt för att stanna i unionen. »Jag ger Europa 7–7,5«, betygsatte labourpartiets ledare Jeremy Corbyn. På så sätt blev det diskursivt omöjligt att säga något positivt om fortsatt medlemskap i EU. Så blandades en giftig brygd, sammanfattar Basten: immigration plus åtstramning blev lika med Brexit.

Långt innan folkomröstningen hade just det här forskarparet för mig kommit att representera landets konservativa och liberaler. Basten och Coleman har båda verkat i Oxford, där den äldre i tiden anställde den yngre vid samma demografiska forskningsenhet. En är rojalist och troende och hyser största beundran för Margaret Thatcher. Den andra växte upp i ett av de gruvsamhällen som Thatchers politik förintade och har gift sig med en immigrant som dessutom, brukar han skoja, är ungefär exakt lika svart som han är vit (och han är verkligen blek). Förstås älskar Coleman Oxfords arkaiska akademiska riter medan Basten tycker de är fjantiga. Coleman kommer gärna på *afternoon tea* eller *elevenses*, som är en testund före lunchen, helst med bakelser, Basten träffar man på puben.

När jag läser deras analyser av Brexit ser jag inga åtskilda bubblor, utan äkta politiska meningsskiljaktigheter. Det går att göra samma demografiska analys och nå olika slutsatser. De använder samma fakta, men har olika värderingar.

Männen är identitetspolitiskt från olika planeter, men det belyser för mig framför allt identitetspolitikens vingskjutna fantasi. Jag älskar att just dessa två demografer gärna umgås, att den äldre bjöds till den yngres bröllop, att middagar med dem är en aldrig sinande ström av skämt och sarkasm. För mig är de mycket mera lika än olika. De har formats av det bästa i den brittiska utbildningen: flit, passion för kunskap, smidig älskvärdhet, bitande kritik då det gäller. Båda har gjort karriär på egna intellektuella meriter, utan ekonomiska privilegier eller en välbärgad bakgrund. De tillhör den andliga aristokrati som just i Oxford upphöjts till föremål för hela samfundets dyrkan.

I Oxford är det den äldre demografen som nu får lida socialt för sina åsikter. Hans nära släkt, grannarna och många av de nära vännerna röstade alla för att stanna. Väldigt få av dem gjorde dock något alls före omröstningen, till skillnad från Coleman som i åratal producerat empiriska analyser för lämna-lägret. Desto fler EU-anhängare var rosenrasande efteråt.

Också mina brittiska vänner säger nu efteråt sådant som »alla som röstade för att lämna är fascister«. »Alla de här gamlingarna som röstade för Brexit, de har stulit mina barns framtid!« Eller K, min medvetet snobbigaste bekant, en världsföraktande dandy: »That's it. Jag tänker hädanefter aldrig flyga ifall jag inte sitter i första klass. Det är slut med att beblanda sig med pöbeln!«

Tänker på Talebs kritik av de intellektuella idioterna: då vanliga människor röstar fel är de fascister och populister, inte demokrater. När jag säger det högt tas det inte väl emot. »Jag förstår att du försvarar Coleman, han är din vän.« Nej, det är inte därför. Jo. Nej. Jo.

En av de vänner som använde fascist-stämplen för de som röstade »fel« har en äktenskaplig kris på gång. Han tycker att de borde öppna sig mot andra partners, ha skilda kärleksliv men gemensamt föräldraskap. Hans hustru håller inte alls med. När jag inte finner hustruns inställning särskilt förvånande blir min kollega på riktigt djupt överraskad. Varför inte? Hur så svartsjuka?

Hur skickliga är vi inte på att intala oss att våra egna intressen gäller alla i vår närhet ... Min vän blir också ordentligt irriterad när jag tycker att hans inställning till äktenskap är som Theresa Mays till Brexit: plocka russinen ur kakan, skilja sig men ändå inte.

11 februari

Komikern Melissa McCarthys gestaltning av Trumps presstalesman Sean Spicer på *Saturday Night Live* har redan setts av tjugo miljoner människor. Det är klockren politisk parodi, med våghalsigt djup och svart desperation.

Hon förmedlar ilskan som verkar pyra under ytan på pressekreteraren, stöddigheten och osäkerheten. Det är inte alls frågan om att McCarthy som kvinna spelar en man (fast just det lär ha gjort Trump sur, Spicer ser svag ut, rasar han, enligt läckorna från Vita huset). Hon kryper under skinnet på en vilsen och vilseförande människa. Hennes Spicer har rädslan i skolmobbarens ögon, då han vet att han själv kommer att få stryk hemma, skriver *The New Yorker*.

Hur chockerande var inte Spicers lögner till en början. »Trump hade fler människor vid sin installationsceremoni än någon annan någonsin haft. Punkt.« Spicers vägran att svara på frågor. Och hur snabbt vi vant oss! Alternativa fakta, säger Conway och även det hugget i magen blir på några dygn ett skämt.

Eftersom jag försöker vara objektiv och kolla kontexten ser jag hela »alternativa fakta«-intervjun på CNN med Conway för att veta hur uttrycket egentligen uppkom. Det förbättrar ingalunda min bild av henne. Conway säger senare att det var ett misstag, hon ville säga »alternativ information och extra fakta«. Det betyder på det stora hela exakt samma sak och hon försvarar två män som blåljuger, Spicer och Trump.

Förstås diskuteras det på nätet om det är okej att kritisera Conway eftersom hon är en kvinna.

Jag saknar ord för att kommentera den debatten.

14 februari

Beslöt i dag att inte alls följa med Trump eller parodier av honom, men så recenserade *The Guardian* MacCarthys nästa parodi och jag måste gå till *Saturday Night Live* igen. Den hade dessutom en sanslöst bra zombieversion av Conway, den som slutar med att hon faller ner från ett fönster och dör, för att sedan stiga upp och vrida lederna tillbaka på plats med ett spökaktigt leende.

En djup sanning om Trump-Conways beniga, plastiska, infama närvaro. Cruella de Vils mindre omtyckta lillasyster, som Colbert kallar henne. Satans troféhustru från helvetet.

Ja, det är helt jätteokej att kritisera Conway, vad hon nu sedan egentligen är, kvinna eller zombie. Det är nödvändigt. Det gör Trumps amatörshow till konst.

Till försvar för tidsfördrivet tänker jag att det inte är alla dagar vi ser världens mäktigaste land glida in i renlärigt auktoritärt styre.

Detta hade jag aldrig någonsin kunnat föreställa mig: att mina kunskaper om Sovjetrysslands historia direkt skulle passa in på 2000-talets USA.

Jag doktorerade om familjeliv i Sovjetryssland. Det var länge självklart att Rysslandsspecialister har sin egen hörna inom den så kallade områdesforskningen, *area studies*, som specialiserar sig på Mellanöstern, eller Latinamerika, eller som i mitt fall Sovjetunionen och Ryssland. Den hörnan förde länge diskussionen om *homo sovieticus*, sovjetmänniskan. *Homo sovieticus* lärde sig leva med den officiella förljugenheten och sade en åsikt utåt men något helt annat privat, utan synbara själskval. Man kunde tala om kommunismens framtid på jobbet och förlöjliga den på kvällen. Skåla för fred och tycka sig ha en solklar rättighet att ockupera. Orden vägde lätt.

I decennier har det även diskuterats ifall demokratin har en chans i Ryssland, om landet hör till Europa eller inte, om det någonsin kan bli som »vi«. *Mer annorlunda än de flesta* var titeln på en finsk bok i Rysslandsstudier som utkom för femton år sedan.

Var och en av dessa termer och teorier passar plötsligt in på dagens USA. När blev det så? När började amerikaner ljuga rutinartat och ha svårt att förstå att alla andra inte är lika förljugna? När uppstod en förkärlek för bombastiska militärparader med debila ledare som vinkar och självbelåtet pyser av massornas beröm? När blev USA mer annorlunda än de flesta andra västliga länder?

Och hur lite behövs för att människor ska sälja sig till makten? I USA krävs dessutom så mycket mindre tvång än i Ryssland. Trumpadministrationen sätter inte kritikerna i fängelse, avrättar inte rivalerna med ett skott i tinningen, de som nu jobbar för presidenten kunde få jobb annanstans och deras egendom skulle i så fall knappast konfiskeras.

21 februari

Hur fasansfull Trumpadministrationen än är, har den 40 procents stöd. Understödet har minskat något, men inte drastiskt. Sedan hösten finns det alltid nyktra experter som skriver analyser med rubriken i stil med »Han sitter till 2020 och blir antagligen omvald«. Jag har hoppat över dem. Inte velat tänka den tanken. Kanske jag borde lära mig att göra det.

En vanlig kvinna som stöder Trump intervjuas på CNN. »Jag tycker presidenten gjort det han lovade«, säger hon. Journalisten vet inte vad han ska säga. Trump har ju inte uppfyllt ett enda ett vallöfte hittills.

Senare visar CNN en panel med medborgare som röstar på Trump. »Litar ni på er president?« frågar journalisten. De sitter tysta. Komikern Seth Meyers drar vitsar kring den här tvekan. »Litar du på X? Varje sekund innan du svarar 'ja' är ett 'nej'.«

Det jag mest slås av är hur panelens deltagare ser ut: kompakta, sura, skriande fult klädda. Att de inte genast svarar på frågan kan lika mycket komma sig av misstro mot journalisten, CNN och snart sagt hela världen, som av att de inte skulle lita på sin president. Det finns en klassisk fråga i sociala undersökningar, som mäter tilliten till andra människor. De som anser att andra ofta ljuger och tänker på sitt eget bästa tenderar att klara sig dåligt på många livsområden, från ekonomi och hälsa till sociala relationer. Trumps anhängare ser inte ut att tro gott om andra.

En man i panelen säger: »Jag har inte råd att reparera taket i vårt hus, men det är viktigare att hålla invandringen i schack.«

BBC har ett inslag om det distraherade tänkandet. Där påpekas det att smarttelefonerna kom för så lite som tio år sedan. Nyligen har en grupp forskare gjort ett psykologiskt experiment. De studenter som deltog trodde att experimentet handlade om hur de hanterade stress medan de fyllde i ett formulär. Under provet skickade forskningsledarna meddelanden till mobiltelefonerna, som de unga lämnat i sina väskor i andra ändan av salen. Studiens egentliga avsikt var att mäta reaktionerna då telefonen plingar utan att deltagarna genast har möjlighet att se vem som textat vad. Stresshormonerna sköt i höjden.

22 februari

Bryter loss.

Gömmer Twitter i telefonen, har redan slutat kolla Facebook.

Flydde Finland för intellektuellt spa i Oxford.

Skriver här i köket i mina drömmars viktorianska hus. Ett sådant hus som uppfördes då professorerna i slutet av 1800-talet fick lov att ha familj och flytta ut från universitetet. Familj innebar hustru, flera barn och tjänstefolk. Således en mängd rum samt otaliga av tidsandan inspirerade tinnar, torn och utsprång och givetvis en stor engelsk trädgård. Just det huset jag nu bor i har fågelbad, slingerväxter och halvbyggda murar.

Penelope Lively förevigade dessa viktorianska minislott i romanen *The House in Norham Gardens*, vars fiktiva adress går att gissa sig fram till och ligger ett stenkast från mig. Den aldrig sinande förundran som närs av att bo så här.

Litteraturvetaren Tapani Ritamäki brukade analysera nya hus, eftersom arkitektur också borde recenseras i dagspressen. Lika gärna skulle jag läsa recensioner av gamla hus. Tänker också på den helt egna undergenre som huslitteraturen utgör. Romaner och memoarer där bostadens uppkomst eller särskilda stämning har huvudrollen.

Hit till drömhuset flyttade min professorskollega på 1980-talet med sin trebarnsfamilj. Till en början levde också hans föräldrar, sedan svärföräldrarna här, samt hyresgäster i den allra översta våningen. Numera är det endast han och hyresgästerna. Husets pris har skjutit i höjden till den grad att ingen vanlig universitetsanställd kunde drömma om att köpa. Det är endast bästsäljare, typ evolutionsbiologen Richard Dawkins, som har råd att bo runt hörnet. Annars köps husen av shejker från Mellanöstern, de river trädgårdarna, lägger betong och installerar övervakningskameror.

Promenerar jag fem minuter når jag stora University Parks, går jag lika länge i en annan riktning är jag i Museum of Natural History som också det byggdes i slutet av 1800-talet med tinnar och torn, i det här fallet för att visa kyrkan att vetenskapen också hade anspråk på att förklara hur världen fungerade. Här debatterades för första gången Charles Darwins teser om naturligt urval. Och här sitter jag nu om förmiddagarna i kaféet, invid raderna av sirliga pelare, alla utförda i en viss mineral, och skriver och äter morotskaka. Huset jag sover i är förstås för dragigt att arbeta i om dagarna.

För sex år sedan bodde vi i Oxford en vinter och jag gled in i en av de viktigaste grupperna i mitt liv. Ett gäng ovanligare forskare, alla 35 år fyllda och med andra karriärer bakom sig, ingen hemma från England. En psykolog, en ekonom, en apforskare, en litteraturvetare, en ballerina:

extravaganta personligheter förenade av intresset för hur den darwinistiska evolutionen påverkar människors beteende i dag. Samtidigt en *moveable feast*, champagne, excesser, skratt. Jag var äldst och mest konventionell, den enda med både stabil familj och fast anställning.

Det var en tid av intellektuell berusning. Eftersom vi forskade i sociala mönster, vänskap, släktskap, hur grupper fungerar, tänkte jag i ett tidigt skede på hur skör och tidsbunden den här vängruppen enligt all forskning måste vara, att vi inte skulle hålla samman länge. Efter att ha känt det här gänget en månad saknade jag dem redan.

När jag anlände i tisdags, sex år senare, kan jag bussturerna från flygfälten till Oxford High Street utantill, att komma hit känns inte längre ovanligt. Stadens skönhet slår mig liksom alltid, men jag blir inte andlös. Vängruppen har splittrats, senare än jag i tiden förutspådde men delvis oåterkalleligt. Rivaliteter och gräl. Någon får jobb, en annan inte. En får ett tredje barn och pendlar till en annan universitetsstad, uppslukad av tidspress. En annan skiljer och gifter om sig och byter från Oxfords lilla pubgäng till de globala cirklar där det är karisma och TED Talks som gäller. En tredje lär sig dataalgoritmer och värvas till välbetalt jobb på booking.com. Jag håller kontakt med dem alla, är inte direkt insyltad på grund av mitt geografiska avstånd.

Blir bjuden på middag i Magdalen College. Det är Magdalens spira som möter en då flygbussen kör över floden till centrum (eller som Magdalenstudenten Oscar Wilde uttryckte det aningen elegantare: »Magdalen's tall tower tipped with tremulous gold / marks the long High Street of the little town«). Som alla college har Magdalen sina egenheter, här dricks vinet ur tunga silverpokaler och efteråt ska gästerna både vägas och slå vad. Under middagen talar jag med flera amerikaner som valt att just denna vår bo utomlands. Det är genant att inse hur långt mera insatt jag är i deras presidents senaste förehavanden. De har flytt till England för att forska och lider inte alls av min dagliga besatthet. Så de lär mig inga nya fakta eller argument, men vad samtliga säger är att nu testas USA:s demokrati.

Min middagsvärd är professor i psykologi. De flesta i Oxford oroar sig över hur det nu går med finansieringen av brittisk vetenskap. En kollega hade just fått ett enormt EU-projekt, men eftersom universitetets administration inte visste vad som skulle hända med det projektet under Brexit, sade han upp sig och flyttade till ett universitet på kontinenten (som givetvis tog emot miljonerna med öppna armar). Men min middagsvärd är överraskande optimistisk. EU:s forskning klarar sig inte utan de engelska toppuniversiteten, menar han, de kommer att finna en fungerande lösning. Han tror också att det internationella samarbetet kan stimuleras av utträdet. Det brittiska samväldet är för honom något mycket intressantare, också ekonomiskt, än Europa. Jag börjar undra om han röstade för att lämna unionen, men täcks inte fråga.

Sedan drabbas jag igen av Oxfords skönhet så det inte går att vare sig tala eller andas, då vi efter middagen, efterrätten och punschen promenerar ut i Magdalens park, den som mitt i i stadens historiska centrum sträcker sig flera hektar kring floden, med promenadvägar, rådjur och tornspirorna i månsken. Vackrare finns inte.

Nästa dag har jag en eftermiddag ledig och köper endast presenter till andra. Det känns överraskande bra, ger mindre ont samvete än att spendera på sig själv.

Märklig känsla av helhet. Som om jag plötsligt har ett liv framför mig igen.

Vaknar till en dröm om hur bra en artikel kunde bli, den som jag borde ha skrivit sedan 2014 och som fortfarande är halvfärdig.

Vill vara en människa som bakar bröd. Som har tid att skratta åt yngsta barnets oändliga skämt. En människa som medger att hon är lat. Som kan vara tyst. Som någon gång hinner i kapp sig själv. Som ordnar vandringsresa med JP till Frankrike medan liv och hälsa finns.

Mindre skärmar, mera samtal.

25 februari

Financial Times citerar George Orwells kommentar till Hitlers *Mein Kampf*. Så här skrev Orwell då det begav sig, år 1940:

»Människor vill inte endast ha bekvämligheter, trygghet, korta arbetstider, preventivmedel, och allmänt taget, sunt förnuft; de vill också, åtminstone tidvis, ha kamp och självuppoffring, för att inte nämna trummor, fanor och lojalitetsparader.«

Läser också att vokabulären är en av de få kompetenser som inte sviktar med åldern. Trösten för en skrivande människa.

3 mars

Voj öde. Inga pengar och 12 dagar kvar till nästa lön. När ska jag lära mig leva enligt inkomsterna. Ingen sol, inget gjort färdigt under hela jobbveckan, inget tränat. Ändå helt skönt. Har BBC-podcaster, tapeter att sätta upp och en kropp att trivas i.

V

MARS 2017

Internationell agent

10 mars

Mycket känns möjligt. Drog ner på sociala medier och ägnade några hela dagar åt vad jag egentligen vill få till stånd, jobbmässigt.

JP har skidat Vasaloppet med sitt gäng äldre långloppsentusiaster. De sysslar med att åka samtliga långa skidlopp i hela världen, först en global runda, sedan nästa varv. Efter varje världsrunda får man en medalj och en väst. En i gänget är fysiskt lite krasslig så han hade tänkt skida endast 30 kilometer denna gång, men så blev det 90 kilometer av bara farten. Efter det varvade han ned med en flaska konjak. Nästa dag skidade han igen.

JP återger också vad en annan i gänget berättade om sina årtionden som fabriksarbetare i Sverige. Han levde med andra finländare under en tid då det inte var tal om språkstudier eller integration. En av de få gånger mannen kommunicerade med de infödda hade han motvilligt blivit ålagd att köpa skruvar i en järnaffär, varpå expediten undrade om han ville ha kvitto? Han förstod inte. Vitto? Vitto? Mitä vittua.

En viss kontrast mot de tre irakiska asylsökande vi nu i något år har haft kontakt med. Två bröder och deras nära vän, alla från Bagdad. De har på ett drygt år lärt sig god svenska och behjälplig finska. En studerar, en arbetar och en sällskapar. Alla har fått avslag på sina ansökningar.

Min privata digitala avgiftningskampanj får stöd av *New York Times*.

Internet är fantastiskt, men samtidigt underblåser livet på nätet narcissism och depression. Nätet har visat sig vara, skriver journalisten, »ett opium för de lägre klasserna och ett inflytande som driver de politiskt aktiva till vansinne ... Det tar mer ifrån kreativitet och tanke än vad det ger«.

Om internet vore enbart av godo, varför har dess tidevarv hittills präglats av ideologiska bubblor och demokratins förfall?

Med min inbyggda optimism har jag aldrig ens tänkt denna tanke tidigare. Att det faktiskt kan ha blivit värre. Jag minns när Wikipedia uppstod, när årtusendet var ungt, och jag intalade mig att nu är kampen avgjord: ingen kan hädanefter ifrågasätta dokumenterade fakta. Nu segrar förnuftet och empirisk bevisföring för all evighet, q.e.d.

Skribenten i *New York Times* förutspår en motståndsrörelse och tror att dess intensitet kommer att variera enligt social klass, precis som det redan skett med tv-skärmarna. Massorna slukar allt och eliten sållar strikt. Redan nu är det internetmiljardärerna i Silicon Valley som allra strängast håller sina egna barn borta från mobiler och skärmar.

16 mars

Helsingin Sanomat har en märklig insändare. En grupp läkare med en överläkare i spetsen kritiserar en kollega som nyligen doktorerat. Avhandlingen har funnit ökad risk för cancer bland kvinnor som använder hormonspiral, men det kan inte vara möjligt, skriver överläkaren med andra. Spiralens hormoner sprids inte i kroppen på ett sätt som kunde orsaka cancer.

Ett dylikt utfall mot en annan forskare är såpass ovanligt, och argumenten såpass luddiga, att jag kollar upp avhandlingen ifråga. Den visar sig vara en kompetent genomförd studie som följt med en stor grupp kvinnor i flera års tid. Jag ringer till doktoranden som är verksam vid Cancerstiftelsen. Ja, hon förvånades också över attacken, i synnerhet som en av undertecknarna själv publicerat en tidigare studie med liknande resultat. Nej, deras argument håller inte, håller hon med mig. Varför skrivs det inte mera om det här, undrar jag. Diskussionen går nog het på läkarnas Facebooksidor, menar hon, trots att inget syns i den allmänna pressen.

Jag störs av att ingen, inte ens kvinnorörelsen, för en kritisk debatt om kvinnors preventivmedel. All information som enkelt går att hitta på nätet brukar vara sponsrad av de stora läkemedelsföretagen. Spelar det en roll att bolaget som tillverkar hormonspiraler är finländskt, frågar jag forskaren, och möjliga cancerrisker därför tystas ned? Det vill hon inte kommentera.

Det som i synnerhet irriterar mig är att jag själv i tiden skrev en förtjust kolumn om samma preventivmedel då det först lanserades. I den lyfte jag fram hormonspiralen som en kvinnovänlig finländsk uppfinning i likhet med torkskåp och subjektiv dagvård. Då ifrågasatte jag min egen tidigare så skeptiska inställning till hormonpreparat. Men nu har skepsisen återuppstått. Så jag skriver en ny kolumn, om den kritiserade doktorsavhandlingen och om hur den offentliga diskussionen om preventivmedel lyser med sin frånvaro.

Det jag inte nämner är att jag också ringde upp min gynekolog. Eftersom hon just förnyat min hormonspiral ville jag kolla vad hon tyckte om den nya undersökningen. Inget om förhöjd cancerrisk hade nämnts då vi träffats, fast bröstcancer förekommit i min släkt.

Samtalet blev alldeles annorlunda än jag tänkt mig. Jag blev mer eller mindre utskälld, är i skrivande stund ännu darrig. Det här är en läkare jag gått hos i flera år och alltid uppskattat och beundrat. Hon är glad och saklig och tar sig alltid tid att svara på allt jag undrar om. Men då jag nu ringer börjar hon långt och länge tala om *fake news*. Vet jag att människor egentligen inte tror på fakta? Och varför Trump vann? Varför vaccinmotståndet sprider sig? Människohjärnan vill tro på falska nyheter. Även då människor ställs inför fakta ändrar de sig inte.

Jag invänder att jo, jag har läst ganska mycket sådan psykologisk forskning, faktiskt. Men jag undrar om den förhöjda cancerrisken är något jag borde tänka på själv. Resultatet kommer inte från Facebook utan från en färsk vetenskaplig forskning. »Om du är orolig så kan du förstås ta bort din spiral«, säger hon, »du behöver ju den inte egentligen överhuvudtaget.«

Aj. Den kommentaren sved, bränner fortfarande. Det känns idiotiskt att ta bort ett dyrt preventivmedel som just tagits i bruk och som borde räcka flera år. Men dessutom säger hon att jag inte ens behöver skydda mig! Då jag besökte henne senast hörde jag endast lovord om hur fint äggstockarna fortfarande fungerade. Inte så att jag har tänkt mig att jag kunde få barn, men jag tyckte om tanken att ha liv i äggcellerna. Det kändes bra att fortfarande behöva undvika en minimal men dock existerande möjlighet att bli gravid.

Nu undrar jag hela kvällen varför både läkaren och jag kom fram till att jag behövde spiralen, om jag alltså inte gör det. Var det för att jag sade att jag tycker mig ha humörsvängningar, som inte känns likt mig? Till hormonspiralens biverkningar hör nämligen, som min gynekolog då upplyste mig om, att motverka depression. Den påverkan var något ingen hade räknat med och ingen heller riktigt kan förklara, menade hon, men så verkar det vara. En dos hormoner i livmodern påverkar kvinnors humör. Ändå kunde överläkaren i sin insändare svära på att spiralens påverkan inte kan sprida sig i kroppen ...

För en kolumns skull har jag nu ett stort frågetecken inför en långvarig läkarrelation. Min egen gynekolog anklagar mig för att vara lik Trumps anhängare. Kan jag skriva om det här, har jag som patient något slags tystnadsplikt, undrar jag. Min sårbarhet och förvirring just nu ryms hur som helst inte i en kolumnspalt.

Vad i helvete ska jag göra, ta ut en ny spiral som kanske inte behövs men som kostade massor och som antagligen jämnar ut humöret? Minska risken för cancer eller öka orken att stå ut med världens gång och det egna förfallet?

28 mars

Ryssland, och Ryssland.

Oro för kolleger och vänner i Petersburg, som ligger några timmar tågräls härifrån men som känns så oändligt avlägset. Dessutom varje vecka mera information om Rysslands inblandning i USA:s inrikespolitik, en strid ström skandaler som fortsätter gnaga sig alldeles för nära min vardag.

Europeiska universitetet i Petersburg, där två av mina närmaste vänner och kolleger arbetar, ser sin verksamhet strypt. Det är inte första gången. För några år sedan hotades de, då hette det att brandsäkerheten inte var tillräcklig. (Universitetet verkade då i ett fantastiskt och för akademisk undervisning sällsynt olämpligt palats som tsar Alexander II i tiden skänkte sin älskarinna, alldeles nära Fontanka-kanalen i centrala Petersburg.) Universitetet klarade sig den gången. Kontakter finns ända upp i makthavarnas högsta kretsar. Universitetet har också före detta studenter i viktiga medier och kunde ordna pr-mässigt lyckade protester där till exempel brandmän spelade fotboll med universitetets anställda.

Nu, den andra gången, är hotet mot undervisningen ännu mera byråkratiskt, en lista över påstådda förseelser och en räcka rättegångar som drar ut på tiden. Jag ringer väninnan som fungerat som dekan. Hon säger att det ser illa ut, men att de inte har något annat val än att fortsätta som förut. De kanske förlorar palatset. De kanske inte kan ta in nya studenter till hösten, eftersom deras undervisningslicens dras in, vilket skulle träffa i hjärtat av deras intellektuella och ekonomiska livsvillkor.

Jag minns hur upprörd hon var under den första omgången hot. En dag dök det upp en man från säkerhetspolisen, han närmade sig henne i egenskap av dekan och bad om lov att få läsa universitetets publikationer. Det fick han förstås, sa hon. Ni har fri tillgång till biblioteket.

Sedan berättade hon behärskat vad hans arbetsgivare FSB:s föregångare KGB utsatt hennes familj och släkt för, och vad hon därför ansåg om den organisationen och alla dess anställda. Mannen hade tyst dragit sig tillbaka till biblioteket. Det enda han senare frågade henne var vad »gender« betyder (genus har översatts till »gender«, en av otaliga nya anglicismer i ryskan).

Hennes krets var förtvivlad då putinismen började glida mot fullskaligt auktoritärt styre.

»Jag är såpass gammal«, sade en annan kollega som då var kring 50, »att jag med säkerhet aldrig hinner uppleva bättre tider. Sovjet tog min ungdom, nu tar Putin min ålderdom.«

Den här gången är attacken mot universitetet orkestrerad från många håll, i synnerhet staden och undervisningsministeriet. Min vän är redan resignerad. Hon och kollegerna är inte lika ifrån sig utan snarare utleda på hela processen. Det går inte att fråga sig om det finns en framtid för ens arbetsplats, inkomst, livsverk varje dag, förklarar hon. Kanske kan de inte fortsätta, kanske kan de. Ja, det är okej med stöd från utlandet också, inte för att det kommer att hjälpa.

En grupp finska sociologer diskuterar situationen per e-post. Borde Finland erbjuda Europeiska universitetet fristad? föreslår en. Liksom Litauen erbjöd universitetet i Minsk ett nytt verksamhetsställe, då det i tiden tvingades sluta i Vitryssland. En annan påpekar att en liknande utveckling sker i Ungern, vars regering hotar stänga Europeiska universitetet i Budapest.

Det hade jag inte känt till. Minns då miljardären och mecenaten George Soros beslöt sig för att Ryssland var ett hopplöst fall. I ett väldigt tidigt skede på 1990-talet meddelade han att den demokratiska utvecklingen i Ryssland var för skakig och korruptionen för utbredd, och att han i stället skulle satsa mera pengar i Östeuropa och i synnerhet sin hemstad Budapest. Ingen oroade sig för Ungerns demokrati på den tiden (eller snarare, antar jag: de som oroade sig över en alltför demokratisk utveckling var ytterst aktiva utan att tala öppet om det). Nu har vi exakt samma trend från Vladimir Putins och Viktor Orbáns regimer, som i stora drag går ut på att västliga värderingar och finanser är av ondo.

»Varför ska Ryssland ha ett europeiskt universitet?« undrar en rysk regimvänlig bekant alldeles sakligt när jag berättar om hotet mot universitet i Petersburg. »Är det inte helt tillräckligt med ryska universitet?«

Min väninna, den förra dekanen, vill kolla hur finländska universitet ser på utländsk finansiering, är det suspekt också hos oss? Hon har svårt att förstå vad jag menar då jag förklarar att det ingår i professorers arbetsuppgifter att skaffa finansiering, ju mera internationell, desto bättre.

Putin som en lindorm djupt nere i slottets vallgrav. Det är därför slottet står snett och prinsessan blivit sjuk. Och slottet är inte bara Ryssland, inser jag nu, sent omsider.

Financial Times skriver om Rysslands cyberspionage. Läser artikeln förundrad, som om det gällde en skicklig deckare. Hur Ryssland sedan 2011 gradvis satsat allt tydligare på »psykosfären« i stället för konventionell militär. Målsättningen var att förstå andra länders nationella sinnesstämning och påverka den i önskad riktning, det vill säga mot mindre stabilitet. Ytterhöger eller yttervänster spelar ingen roll, bara balansen rubbas.

Hur obruten länken är mellan Pravdas gamla, ihållande propaganda och dagens Twittertroll. De ljuger. Vi vet att de vet att de ljuger. De vet att vi vet att de vet att de ljuger. Det handlar om att visa makt genom oförskämda lögner. Som under Krimkriget, när en rysk falsk nyhet hävdade att ukrainare hade korsfäst en rysk baby. Budskapet är att vi kan påstå vad som helst eller göra vad som helst med fortsatt stöd från massorna. Likt Trump, som under valkampanjen skröt med att han kunde stå mitt i New York och skjuta någon och ändå inte förlora sitt understöd.

Klickar mig vidare till en länk av historikern Timothy Snyder: »USA behöver inte längre undra hur det skulle vara att förlora ett krig på egen mark. Vi förlorade just ett krig mot Ryssland, med följden att Donald Trump valdes till president. Kriget följde det tjugoförsta århundradets nya regler, men dess mål var det vanliga, politisk förändring.«

Snyder skönjer tydliga paralleller till 1930-talets nazism och stalinism. Han har skrivit en bok om att leva utan att ge efter för tyranni. Den ska jag köpa när jag nu snart reser till USA, för första gången sedan 1998 (!). En snydersk uppmaning är att man inte ska börja lyda den auktoritära makten i förväg, inte springa dess ärenden förrän du verkligen blir tvingad till det. Som våra migrationsmyndigheter verkar göra, då tjänstemännen stramar åt beviljandet av uppehållstillstånd trots att kriterierna inte ändrats.

1 april

Drar mig bort från Trump som underhållning. Talar med en affärsman som glatt säger sig göra precis tvärtom: han börjar dagen med att kolla vad Trump har twittrat nu. Det är för honom en uppiggande dos utanför eget jobb- och familjeliv. Han verkar bli sporrad av det som ger mig en känsla av maktlöshet och osunt beroende.

Tänker att satirikerna är sakligare och sundare än de de driver med. Tänker på hur den förre presidenten G.W. Bush börjat te sig human, värdig och klok, med sin statsmannavärdighet och målarhobby. Men att Bush den äldre trots allt var enormt mycket värre än Trump, åtminstone tillsvidare. Den illa underbyggda invasionen av Irak som förstört miljoners liv och unika minnesmärken.

Talar om världshistorien i korthet med Stella, som förbereder sig för studentskrivningarna. Hur ska hon minnas vad som hände när? Vi gör en minneslista. Så här ser den ut:

Först århundrandena: medeltiden, upplysningen, romantiken, industrialiseringen ...

Sedan 1900-talets årtionden:

00-talet: imperialism
10-talet: första världskriget
20-talet: börskrasch men före det festade man
30-talet: Hitler och Stalin
40-talet: andra världskriget och Förintelsen
50-talet: optimism och kalla kriget
60-talet: hippierörelsen
70-talet: miljörörelsen
80-talet: Sovjets upplösning
90-talet: Internet
2000-talet: kriget mot terrorn
Nu då? Vad blir 2010-talet?

Stella tycker att jag borde sluta läsa *New York Times* som bara skriver om Trump. Det är illa när inget annat beaktas, menar hon. Jag invänder att de har massor av annat. Hon föreslår att vi tittar på rubrikerna. Så här ser de ut i dag:

»Ivanka Trump och Jared Kushner drar fortfarande nytta av affärsimperiet.«

»Sean Spicer upprepar Trumps obestyrkta anklagelse om avlyssning.«

»Presidentens växande handelsunderskott: en avgrund mellan prat och handling.«

»Träffa de vanliga människor som har åtalat Trump. Hittills har de vunnit.«

Först sedan, på femte plats: »Mängden politiska fångar växer medan demokratin hotas i Venezuela.«

Jag ger Stella rätt.

Senare på kvällen talar vi med gäster om hur knivskarp tävlingen mellan *New York Times* och *Washington Post* måste vara om vem som får presidenten avsatt.

Men vem är den nya demokratiska ledaren? Hen som finns någonstans, men var? En kring bordet har nyligen besökt USA och säger att alla frågade det samma där. USA:s demokrati visar musklerna, icke så det demokratiska partiet.

VI

APRIL 2017

Våra kroppar, våra jag

10 april

Första dagen på skidsemester i Lappland råkar Sylvia ut för en olycka. Vi föräldrar är inte med henne, utan skidar i skogarna längre bort. Den vänfamilj som tagit med henne till slalombacken för henne till doktorn, doktorn konstaterar benbrott, ambulansen plockar upp henne och ska köra henne till Rovaniemi centralsjukhus som ligger över hundra kilometer från oss. Sylvia ringer oss just när resten av familjen är som längst borta från alla bilvägar. Vi håller på med selfier vid den vackraste utkikspunkten när samtalet når mig som en kniv i hjärtat. Att inte kunna vara med henne, hålla om henne. Att jag inte ens orkar skida supersnabbt dit där hon är! Det är JP som sätter iväg i ilfart.

Men vi är i Lappland, så på vägen till sjukhuset gör ambulansen en omväg och plockar upp JP, som hunnit till ett vägskäl. Dessutom gör de en extra sväng via hotellet så han kan ta sina saker.

När även jag nått sjukhuset avgörs att barnet ska fortsätta till Helsingfors för att opereras där. Knäskadan är inte särskilt komplicerad, men ovanlig. Vi ska åka med taxi eftersom hon inte behöver en fullt utrustad ambulans. Tåg är uteslutet eftersom hon måste forslas i liggande ställning, jag kan rymmas bredvid henne i taxin. Jaha, vad kostar det, kollar jag, som antar att nattaxi från Rovaniemi till Helsingfors igenom största delen av landet inte kan vara särdeles billigt. »Ni ska betala 25 euro«, svarar sköterskan, »är det okej?«

När vi efter midnatt är färdiga att fara dyker sköterskan upp igen och säger: »Om taxin. Jag sa fel tidigare. Det kostar inte 25 euro. Det kostar ingenting, för detta räknas som omedelbar transport vidare.«

Välfärdsstaten.

Så jag åker mitt livs längsta taxiresa, gratis, på hårt bilgolv men med handen i den bleka och drogade dotterns hand. Lång dags färd genom natt tills morgonen gryr och vi korsar ringvägen i huvudstaden. Chauffören säger att dylik transport är något helt nytt för honom också. Men han får nu ledigt i två dagar och kan äntligen hälsa på hos sin bror som bor här i söder och som han inte besökt på några år.

Mina vänner diskuterar kommunalvalets resultat på Facebook: i Helsingfors var könsfördelningen 51 procent män och 49 procent kvinnor, ganska bra. Kommentar: Men hur många procent var »annat»? Svar: Inga, tyvärr.

Jag skriver själv nästan i kommentarfältet: Tror ni att »annat« utgör en procent av befolkningen? Är det inte snarare en promille?

Men då jag vet att åtminstone en i diskussionskedjan identifierar sig som intersex, det vill säga mellankön eller inget entydigt kön, känns det som om jag skulle ifrågasätta hens rätt till identitet och självbekräftelse. Så jag låter bli.

En kollega som både är statistiker och aktiv i sexuella minoritetskretsar sa en gång att det ju inte spelar någon roll hur stora vissa grupper är. Till exempel lesbiska föräldrars rättigheter måste försvaras vare sig det finns två eller tvåtusen sådana familjer i Finland. Ja.

Jag tycker också det är viktigt att ge envar rätt att själv dra gränserna, skapa utrymme för ett jag att känna sig hemma i.

Samtidigt har jag en långvarig irritation som jag inte vet hur jag ska greppa. Eller riktigt varifrån den kommer. Den hänger antagligen ihop med att jag har svårt för HBTQIA-förkortningen, inte på grund av vad den står för utan för att den inte går att uttala. Och cisperson som en term: Varför göra en enkel sak knepig? Behöver vi en ny term för att de allra flesta som identifierats som ett visst kön känner sig hemma i den definitionen?

Det hänger säkert också ihop med att jag tycker mig se en tvärsäkerhet, eller enögdhet, i trans-/inget-könalls-diskussionen. Det är en doft av självbelåtenhet som kanske inte alls finns där – kanske jag har egna fördomar, men vilka, hur få just denna överspända tankemuskel att slappna av?

Just nu tänker jag: Hur långt ska samhället anpassa sig till en minoritets identitetsfunderingar? Ska exempelvis valstatistiken göras i promille för att vi ska få veta hur många som identifierade sig som vilket kön?

Lite tid på Google Scholar visar, som så ofta, att svaret inte är entydigt. De medicinska definitionerna av transsexualitet är många och olika. Det största enskilda syndromet bakom transkön utgörs av dem som har fötts med en XY-kromosom men får en kvinnlig kropp, som om de hade XX-kromosomer. I de direkt medicinska diagnoserna syns en ökande trend här. Men antalen är just så låga som jag antagit eller ännu mindre, det rör sig om tiondelars promille. En studie fann en ökning från fyra till sex av tiotusen bland människor födda på 1980-talet jämfört med 1990-talet. Ökningen antogs bero på större miljöutsläpp. Tänker på den lilla släktingen som föddes med ovanligt format könsorgan – läkarna sade att just det problemet har ökat, antagligen på grund av miljöförstörelse. Hen blev opererad och nu syns ingen skillnad mot en frisk barnkropp.

Förenta Nationerna har faktainfo om »intersex« som ger upp till tiofalt högre incidens av transkönade individer, mellan en halv promille och knappa två procent, alltså mellan en människa av tvåtusen och en av femtio. Ofattbart nog ges inga källor utan texten säger bara att det här är vad experterna anser.

Men sedan utmanas mina förutfattade meningar ordentligt. En väl utförd belgisk studie påpekar att medicinsk statistik förutsätter fysiologiska diagnoser (typ abnormal utveckling vid födseln) eller att människor söker läkarvård. Ändå kan det finnas människor med annan identitet än entydigt manlig eller kvinnlig som aldrig diagnosticerats. Därför undersöktes upplevelser av ambivalens och inkongruens gällande kön bland hela befolkningen. Med ambivalens avsågs här att individen identifierar sig lika mycket med det kön som angetts vid födseln som med det andra könet. Inkongruens är identifikation med det andra könet snarare än med det givna könet (alltså det som ofta kallas för transsexuell). Forskningens resultat visade att ambivalens är mycket vanligare än inkongruens. Så många som två till tre procent av befolkningen i Belgien säger sig ha upplevt någondera, med lite fler män än kvinnor i båda grupperna. Enligt den här måttstocken handlar könets upplevda mångfald utanför manligt och kvinnligt faktiskt om procent, inte promille, en statistik som kunde synas även i vårt kommunalval. De som vantrivs i sin kropp så att de också vill korrigera sitt kön med hormonella och kirurgiska ingrepp är ändå betydligt färre också i den här studien, kring tre promille.

Jag är också lättad över artikelns ordval. De här forskarna har ingen svårighet med att tala om två kön, fast de intresserar sig för mångfalden i gliporna. Det som frustrerar mig, kanske allra mest, är det nya mantrat om könets mångfald utan att man säger vad det innebär. Många tolkar det som att det finns ungefär hur många kön som helst, eller i alla fall inte »bara« två. Själv skulle jag hellre säga att det finns två kön, men olika sätt att känna sig mellan eller utanför dem.

Någon dag senare kommer en pinfärsk forskning om ökande acceptans av sexuella och könsminoriteter i USA. Den visar på slående skillnader mellan generationerna. Bland de äldre tycker 97 procent att de passar samman med det kön de gavs vid födseln. Två procent är »osäkra« och en procent »tvåkönade«, medan andra kategorier är försvinnande små. Bland de unga, de som är mellan 18 och 34 år gamla, identifierar sig bara 88 procent med det givna könet. Tre procent säger sig vara akönade, tre procent flytande, två procent transkönade, två procent osäkra, en procent tvåkönade och en procent genderqueer. (Nej, jag har ingen klar uppfattning om vad de här termerna betyder.) Sexuell läggning uppvisar motsvarande ökande variation, så att det är hela tio procentenheter färre strikt heterosexuella då man jämför de äldsta och yngsta generationerna.

Ifall den här amerikanska studien är representativ, som den verkar vara, upplever vi en snabb kulturell förskjutning. Säkert handlar det delvis om en modegrej. Men kommer den att stabiliseras, intensifieras, eller avmattas?

Från under en promille med medicinsk diagnos till tolv procent som kulturellt inte tycker sig passa in i sitt givna kön. Minns min gynekologs svada om att ingen tror på fakta utan alla håller fast vid sin övertygelse vad de än hör. Får hon rätt gällande mig själv nu?

Fakta är tydliga, och ja, jag måste ändra inställning. En del av mig vill envist se fenomenet som en ungdomsgrej: jag minns precis hur jag som 20-åring hävdade att jag inte alls definierades av att vara kvinna. Nu kan jag givetvis se de myriader sätt som jag definierades och formades just av mitt kvinnokön, fast jag inte upplevde det så. Och numera är könet en varm och djup klangbotten i mig. En jordmån, snarare än en identitet.

Jag frågar andra vad de tycker.

En journalist berättar om situationen på hans redaktion. Några predikar könets mångfald och alla andra förstår att de borde hänga med men gör det inte. Skriv om vad könets mångfald betyder, säger han, det skulle underlätta mitt jobb så jättemycket!

En psykolog tycker att det gått ideologi i hela debatten. Hon tycker att det akuta problemet är att transklinikerna översvämmas av unga som vill korrigera sitt kön. Deras antal har mångfaldigats på några år utan att klinikernas resurser ökat i motsvarande grad. Om läkarna ger de unga den diagnos de vill ha och opererar dem får de kritik av dem som är skeptiska till den stora mängden transsexuella, klagar hon. Men om de inte gör det får de kritik av dem som anser att könsbyte inte alls är en sjukdom och borde kunna genomföras på egen begäran. Enligt psykologen behövs mera resurser för dessa unga, som har stora problem med självkänslan och balansen i livet, oavsett vad det beror på.

En jurist ser stora problem med jag-får-väl-identifiera-mig-hur-jag-vill-trenden. Vad ska det stå i passet? Hur enkelt ska det gå att ändra eller byta kön? Ska självidentifieringen inskränkas till att gälla kön, varför inte hudfärg, ögonfärg, ålder ...? Ska en manlig terrorist ges ett nytt pass som kvinna om han ber om det?

En författare säger att hon har stark medkänsla med transsexuella som ofta verkar lida av många olika problem samtidigt.

Generationerna visar sig också här: de äldre jag frågar är skeptiska och lite illa berörda, de yngre är entusiastiska och ser alls inga avigsidor med könets upplösning. En yngre psykolog säger att könets mångfald är jätteokej men hon ber hellre en expert förklara det för mig så att det säkert blir rätt.

Mina vuxnare barn Ariel och Stella tycker trans är tufft och att den kulturella förändringen sker för långsamt.

Sylvia vill i samma veva veta vad pansexuell betyder. När jag virrar in mig i förklaringar och i förbifarten påpekar att en lesbisk identitet ju inte betyder att den lesbiska kvinnan inte ibland skulle kunna förälska sig och vilja leva med en man spänner hon konsternerad blicken i mig och tappar sedan intresset.

12 april

Sylvias knäskada opereras. I sjukhusets familjevänliga linje ingår att föräldern får vara med under nedsövningen. Jag har tidigare endast sett en varelse i narkos, min katt, minns den lealösa kroppen. Det var entydigt skrämmande men det är klart att jag ska vara där med henne och till all lycka blir det ingen tvist med barnets pappa om vem som får den rollen. Jag inhiberar den årliga konferens som för mig är den viktigaste (och roligaste), och i stället för att flyga till våren i Paris tar jag megataxi med barnet och hennes gipsade ben till Barnets Borg. »Vi förstår att du måste prioritera din 0,5«, skämtar den vetenskapliga föreningens president. Det är evolutionsteoretisk jargong som syftar på att ett biologiskt barn har omkring hälften av förälderns gener, och att det naturliga urvalet gjort oss benägna att sätta dem vi delar mest gener med i första rummet då det gäller att hjälpa och bry sig. Jag tackar samma naturliga urval som gjort mitt logistiska beslut så enkelt, det är ingen fråga alls om var jag både vill och borde vara. Flygbiljetten och hotellrummet blir oanvända. Jag undrar om den längre resan till USA senare i april också måste ställas in.

Nästan varje vanlig kväll kan jag följa med hur Sylvia somnar, hur kroppen och andningen stegvis slätas ut, lugnar sig. Nu får jag vara med under nedsövningen. Helnarkos skrämmer oss båda men jag döljer all egen oro och är stabil mamma till fullo. Då vi efter att ha väntat och samtalat i timmar körs in i narkossalen får hon en vit vätska i armvecket. Den spända och klagande flickan byts ut mot en frånvarande och nedsövd patient på en tusendels sekund, en onaturlig kollaps. Genast då de rullat ut henne från narkosrummet till operationssalen kommer de egna tårarna. Jag väntar i cafét, och den halvtimme hon inte vaknat ur narkosen fast de meddelat att hon skulle ha gjort det är tortyr. Men det går förstås väl, ingen svår operation alls, hon vaknar grumligt ur narkosen, ingreppet har lyckats och alla omkring oss är hur underbara som helst.

Tills vi efter operationen kommer till dagavdelningen där just inget verkar fungera. Den ena skötaren vet inte vad den andra gör, informationen är otydlig, föräldrarna har anvisats ett minimalt kafferum. Det finns visserligen ett större och ledigt rum runt hörnet. Det förväntas de närstående känna till, lär jag mig av dem som varit här tiotals gånger med svårt sjuka barn.

Den som vill sova med sitt barn får slåss med personalen och sedan sova på golvet intill barnets säng. Med en mamma talar vi om att sjukhuset låter oss vara där som på nåder, när vi ju tvärtom kan underlätta sjuksköterskornas jobb och stöda tillfrisknandet. Med våra 0,5 utmattade efter timslånga operationer är det just vi föräldrar som kan och vill vakta, sköta och pigga upp dem allra bäst. Bandet mellan förälder och barn blir glödhett då barnet är sjukt. Det borde sjukhusen bejaka och dra nytta av.

Hur snabbt det märks då en arbetsplats inte fungerar. Det är som att besöka skolors lärarrum, på fem sekunder luktar besökaren sig till hur det är med trivseln. Tänker på min egen chef, som fått flera inte-så-optimalt fungerande enheter att börja fungera bättre. Med järnhård vilja går det att ändra på en organisation. Sedan börjar plötsligt allt löpa, bitarna faller på plats, var och en vet sin uppgift. Utvecklingsstrategi är inget tomt ord.

14 april

Flyger via Köpenhamn till Boston, Förenta staterna. Oceanen är stor, Bostons motorvägar tröga. Allt känns en femtedel högre och vidare, himlen, husen. Bor i Amherst, hos vänner jag inte besökt på femton år.

»Vi talar om PT«, säger en studerande i grannbordet på den närmaste coffee shopen. »Pre-Trump. Eller snarare PTE, pre-Trump era.«

»The Trumpocalypse«, säger en annan.

Vandrade i bergen. Åt brunch. Alla ser ut som amerikaner, i chockerande hög grad. Arkitekturens detaljer och växtligheten överraskar mig, men inte människornas ansikten eller kläder, de är så in i detalj beskrivna av den nordamerikanska populärkulturen.

I lokaltidningen står det att två tredjedelar av regionens jordbruksarbetare är immigranter och hälften odokumenterade sådana. Trumps administration vill slänga ut de invandrare som saknar lagligt uppehållstillstånd. Vissa stora städer har sagt att de inte tänker foga sig i presidentordern utan bli fristäder.

En lokal jordbrukare som intervjuas i tidningen menar att anställning på officiell väg är alldeles för byråkratiskt. Han brukar anställa de migranter som finns till hands och skulle aldrig klara sig ifall dessa papperslösa försvann. Delstatens republikanska guvernör uttrycker sin djupa sympati för jordbrukarens situation och säger: »Den politiska situationen kan inte bli värre än vad den är. Så den måste bli bättre.«

Jag hänger inte alls med. Politiken ter sig oändligt mycket mera mångfacetterad sedd från marknivå än från min vanliga europeiska horisont. Kunde en jordbrukare i Finland säga att illegal arbetskraft anställs för att byråkratin är så betungande, och kommunfullmäktigen visa sin fulla förståelse? Kunde våra städer vägra lyda landets lag? Kan en republikan tala så öppet och kritiskt om landets republikanska ledning?

Min värd J, som länge jobbade som nyhetsfotograf men nu är psykiater, hörde till dem som efter presidentvalet slutade följa med nyheterna. Hustrun K påminner om hur Trump var den-som-inte-får-nämnas-vid-namn, likt Voldemort i *Harry Potter*. Men nu ögnar han igenom tidningarnas paradsidor. Han lyssnar också på radion igen, men ser under inga omständigheter på tv.

Amerikanska intellektuella lever likt de ryska: man måste följa med nyheterna men det är otänkbart att titta på tv.

J är mest oroad över hur det går med Syrien och Nordkorea. Washington har just avfyrat en missil i Syrien, med valhänt militär men stor symbolisk betydelse. Trumpadministrationen ville signalera att den kommer att säga ifrån ifall Ryssland går för långt med kemiska vapen, i Syrien, eller genom att invadera Baltikum. Det sägs att Ivanka Trump visade bilder på syriska barn för att få sin pappa presidenten att reagera, med uppenbar framgång. J tycker utrikespolitiken är alldeles riktig i det här avseendet.

Värdparet och deras 17-åriga dotter, min guddotter, talar om situationen i hennes skola. Där finns numera flera elever som blir sårade om hon använder ord som manlig eller kvinnlig (*male* och *female*).

»Varför«, undrar jag.

»För att könet är ett kontinuum.«

»Hur så är det ett kontinuum.«

»Nå, det finns alla transmänniskor.«

»Betyder det att män och kvinnor inte finns?« surar jag.

Vi talar om att etnicitet egentligen har en mer glidande skala än kön, åtminstone biologiskt. J kommer in på det stödprogram han utvecklat för universitetets svarta atleter. De får studieplatser genom att vara skickliga på sport, och de inbringar astronomiska inkomster och hög prestige till universiteten. Atleterna själva får just inget betalt, de är ju inte professionella. Dessutom har de ofta väldigt svårt med studievanor och den snofsiga miljön. Dock är den politiska korrektheten benhård också här. Det är knepigt att säga att det behövs stöd till afroamerikaner, trots att alla vet att de har det svårt. Får man inte säga »black«, liksom man inte får säga »male«, undrar jag? Nej, man får nog säga black, men det finns så många andra etniska grupper (amerikansk ursprungsbefolkning, kineser, afrikanska svarta) som känner sig förfördelade ifall man bara nämner afroamerikaner. Så det finns kodord: projektet ska gälla »historiskt förtryckta grupper« (kineser är inte historiskt förtryckta i USA), eller »etniska grupper överrepresenterade i lukrativa atletiska sporter« (läs: svarta som spelar korgboll).

Nästa dag visar guddottern upprörd den grej som universitetets studenttidning gjort om hennes egen sportgren, ultimate frisbee. Artikeln nämner både universitetets manliga och kvinnliga team. Det manliga är för tillfället tredje bäst i landet medan kvinnorna ligger på första plats. I tidningen citeras det manliga teamet som säger att de »siktar på att dominera«, medan flickorna sägs vara »osäkra om de kan spela så bra i år«. Inget sägs om att flickorna redan dominerar och har en högre nationell ranking än männen har! Männen får en bild där de sportar, kvinnorna en lagbild där de poserar.

Hon ska skriva en protest.

Hur kan den protesten formuleras om det är illa att tänka kvinnligt och manligt?

Sprang, höll mig ute i solen, besökte bokhandel vid kvarnen med K. Mår bättre än någonsin under de sex månader som gått sedan jag började skriva månadsbok.

Här finns många lesbiska par och vi talar med K om deras attraktion. Varför inte förälska sig i en kvinna nästa gång, om man kunde. Välja alltså, och förälska sig. I vår ålder kan det senare kännas som ett större frågetecken.

Vi talar om sex och att åldras. Hur lusten svalnar, de förändrade reaktionerna på beröring, en annan elasticitet på de många ställen där det räknas. Med orgasm, säger K, gäller »use it or lose it«. Låter du den förmågan tyna bort och nervbanorna slamma igen är det verkligen svårt att börja igen.

Får ett djup och en rymd i tankarna som jag inte haft på länge. Det gör gott att umgås med andra som har ett rikt och avklarnat inre liv, som till vardags reflekterar och planerar framtiden med fokus på en värdig och balanserad tillvaro. En psykisk motsvarighet till den fysiska impuls som kommer av att omges av andra med god kroppshållning, det smittar av sig.

Tänker att JP och jag kanske har åtta friska år kvar tillsammans. Vi borde vara mera tillsammans vi två, och mera tillsammans hela familjen.

Jag föreslår att han och yngsta dottern kanske ändå ska flyga hit till USA. Det var avsikten från början, men hon kan inte med sitt opererade knä och på kryckor.

USA fortsätter att kännas väldigt, bjärt, stabilt.

Löper länge och beundrar de Black Lives Matter-skyltar som finns på verandorna till så många sekelskiftesvillor i den lilla universitetsstaden. Till sist ser jag också en svart person, den första.

Köper *Beowulf* i Seamus Heaneys översättning från second hand-bokhandeln intill forsen. Hade ingen aning om att det här medeltida eposet handlar om en skånsk hjälte som reser till Danmark. Inget ord om *Beowulf* i min eller mina barns uppväxt, trots den finlandssvenska grundskolans starka nordism. (Vi läste till exempel massor om Färöarna, just inget om grannlandet Estland.)

Går helt upp i Heaneys jordnära, levande rytm. Trots att det är många benpipor som krossas och segrar som hyllas är *Beowulf* inte alls lika krigsfixerad som *Iliaden*. Läser recensioner och tolkningar från tiden då boken utkom. Just i år känns det väldigt aktuellt och allmängiltigt med en berättelse om hur en oövervinnerlig hjälte med magiska krafter kväser träskmonster.

»Utspridda bland Beowulfs öde heder och kärrmarker finns några belägrade centra för mänsklig kultur, för ceremonier och solidaritet – herrens upplysta hallar som håller stånd mot det hotande mörkret«, skriver litteraturkritikern Terry Eagleton i sin recension. En annan recensent menar att budskapet inte så mycket gäller hjältens mod och dygder, utan den »kollektiva plikten att upprätthålla kulturen inför mänsklig och övernaturlig förstörelse. De tre monstren är kanske mest skräckinjagande, men eposet varnar också för de mindre fantasifulla hoten från fejder, dynastiska kamper, stolthet och otyglad ilska.«

Fejder, dynastisk kamp och otyglad ilska. Minsann.

Premiärminister Theresa May har överraskat och utlyst val i Storbritannien. Vad händer nu om *remainers*, de som vill fortsätta inom EU, plötsligt säger ifrån? Men det är knappast realistiskt, bedömer vi kring frukostbordet unisont. Om oppositionsledaren Corbyn varit en annan kunde Brexit ha ställts in, eller förverkligats med fortsatt gemensam marknad och fri rörlighet.

Trump undertecknar ett dekret gällande de odokumenterade invandrarna: han vill skära i den federala budgeten för de städer som fungerar som fristäder. Genast överklagas det.

Har kolumndeadline för HBL. Hade planerat att skriva om kön, om hur fjärran identitetspolitiken känns från feminismens utgångspunkt i kroppars sanning. Titeln till klassikern *Our bodies, Ourselves*, om kvinnlig sexualitet och kroppslighet, snurrar i tankarna. Då den utkom på 1970-talet handlade det om att få kunskap om kvinnors kroppar och känslor och börja kräva att läkare också hade det. Våra kroppar, våra jag, vad innebär de orden i dag?

Men jag skriver inget. En kolumn är för kort. Framför allt saknar jag mod. Vill inte riskera att såra vänner, distansera mig från de grupper jag egentligen tycker om. Texten får i stället handla om hur förvirrande det känns att med ett nordiskt rättsperspektiv på olaglig invandring skenbart hamna i Trumplägret, borde inte lagar åtlydas?

23 april

Den amerikanska odyssén fortsätter till mina släktingar i New York.

Flygbussen kör in till Manhattan via Harlem. Plötsligt är jag den enda vita människan, och den enda kvinnan, på bussen. Sjaskigheten på gatorna vore chockerande om jag inte sträcktittat på HBO:s serie *The Wire*, som visar en likadan slumvardag, fast i Baltimore.

Några kvarter söderut ligger min mosters utsökta våning, i den bästa av alla stadsdelar, åtminstone ifall staden heter New York. Hon har några hundra meter till Hudsonfloden och dess blomsterprydda promenader västerut, och endast lite längre till Central Park österut. Husen har mänskliga proportioner, en härlig japansk sushirestaurang finns mittemot, intill en liten take-away som serverar små billiga portioner grönkålssallad.

Min kusin bor med sin familj söderut, i en snitsig skyskrapa med gym och pool i bottenvåningen och utsikt över hela staden. I utsikten ingår en skyskrapa som saknar fönster. Det sägs att där görs något hemligt. Sonen kan nå lekparken några gathörn från deras höghus, men det är givetvis otänkbart att han skulle gå dit utan en vuxen. Så vi följer honom.

Utanför porten till lekparken ser vi en pappa med sin son, pappan fingrar på sin telefon medan pojken sitter och blundar med benen i kors och fingertopparna slutna i meditation. Jag stannar upp och ser säkert road ut för mannen börjar genast urskulda sig:

»Det är inte alls som det ser ut! Jag hade velat gå in och leka i parken, men de har lärt sig *mindfulness* i skolan och nu håller han hela tiden på så här!«

Samma dag jag anländer hålls en demonstration till den vetenskapliga metodens försvar, March for Science, på avenyn intill. Eller snarare över hela Manhattan, inser jag då vi närmar oss. Att få demonstrationståget att röra på sig tar över en timme, människor strömmar till oavbrutet. En man är klädd i åtsittande svart läder, med undantag för en ljusröd knottrig luva med kattöron. Vi undrar över stilbrottet tills vi märker att nästan alla har dylika mössor. De visar sig vara en uppdatering av de kissekatt-hattar som stickades för den stora kvinnomarschen genast efter att Trump svurit presidenteden. Nu har alla knåpat ihop krokiga remsor och sytt fast dem så grab-them-by-the-pussy-kattmössorna blir vetenskapliga »hjärnor«.

Senast jag demonstrerade var i Helsingfors förra hösten, till minne av den unge mannen som nynazisterna sparkat mitt på ljusan dag vid järnvägsstationen så han senare avled i sviten av skadorna. Då hade arrangörerna slagord och tryckta dekaler som distribuerades till alla och användes lamt. Jag söker förgäves efter dylikt färdigt material här, i stället omringas vi av en upprymd hemmagjord mångfald. »Inte min (p)resident«, säger jordgloben på en gummas handmålade plakat. Två bröder har gjort en affisch till sin hund, »I (hjärta) Pavlov«. En mängd ordlekar kring *fake news*, vetenskapen, klimatförändringen. En lugn, glad stämning.

Min moster har en vän som lever i en annan delstat, de brukar träffas några gånger varje år. Senast undrade vännen hur någon kan läsa *New York Times*, det är ju bara falska nyheter. Det blev med andra ord uppenbart vem vännen röstade på, samt att min moster knappast röstat likadant. »Vad ska jag göra, ska jag fortsätta träffa henne?« funderar hon.

Vardagens känslosvall nämns ständigt. Många talar om hur svårt det kan vara på fester och middagar, ifall det är osäkert vilket läger de andra räknar sig till. Tidigare hade det varit möjligt att i liknande fall tala om annat än politik, men nuförtiden går dagspolitiken inte att undvika.

En konsthistoriker berättar om en mycket tryckt stämning och intetsägande diskussion bland åtta gäster, tills en av dem plötsligt utbrast: »Jag tror det här är ett säkert hus, eller hur?« och alla äntligen andades ut. Inget Trumpfan i gruppen. Vi kan tala fritt.

Min moster kommer fram till att hon nog tänker fortsätta träffa sin bekant, trots att hon egentligen inte vill. »Jag vet inte hur jag borde göra, utom att man ska vara snäll.«

Vi deltar i gudstjänsten i hennes presbyterianska församling i västra Manhattan. Den här kyrkan är känd för sin tolerans och liberala inställning. Det var samma församling som sponsrat den syriska flyktingfamilj vars inresa hotades efter Trumps reseförbud. Men reseförbudet upphävdes tillfälligt och storfamiljen med sju barn har nu anlänt. Självaste *New York Times* gör ett reportage om den lyckliga vändningen. Familjen har anpassat sig snabbt.

I kyrksalen samlas New York-bor i alla åldrar och av alla färger. En flicka med asiatiskt utseende har två vita pappor som ser så exakt ut som homoparet i tv-serien *Modern Family* (en tjock och mörkhårig, den andra spenslig och rödhårig) att jag inte kan sluta stirra.

Predikan handlar om aposteln Tomas tvivlaren, han som med egna ögon ville se bevis på att Jesus återuppstått från de döda. Prästen tar upp den stora marschen för vetenskap förra veckoslutet, den vetenskapliga metoden, och vikten av att tvivla. Han förespråkar en teologisk tolkning där Tomas ifrågasättande inte fördöms av Gud. Som stöd påminner han oss om att Tomas tvivel ju inte straffades, tvärtom belönades det med ett ovedersägligt under: han fick själv känna spikhålen från korsfästelsen i händerna på den återuppståndna frälsaren. Hur predikanten än försöker blir jag inte helt övertygad om att Bibeln, magiska under och empiriska bevis går ihop, men tagen är jag. Sedan ska vi vända oss till varandra och utbyta hälsningar med främlingar, eller välsignelser, jag minns inte riktigt vilkendera eftersom mitt nordiska jag stelnar i social fasa.

Intill mig i flyget på väg från Manhattan, till mina gudföräldrar i North Carolina, sitter en 40-årig kvinna vars son dött i Irak. Hon läser någon skvallertidning om Hollywoodstjärnor och har aldrig besökt Europa, men flyger ofta den här rutten för att träffa barnbarnet. Borde orka tala mera med henne. Det verkar lysa Trump-Amerika kring henne, missnöje och envishet och patriotism. Men min sociala kvot har under den här veckan tärts alltför häftigt av alla oändliga »How are you? So nice to see you!« främlingar emellan.

29 april

Den här dagen överträffar tv-verkligheten och alla såpoperor (till och med *Dallas*, fast den tv-serien från mina tonår på 80-talet väl kommer närmast).

Mina gudföräldrar har flyttat till en oas för pensionerade liberaler. Det är ett litet välbärgat samhälle som byggts på åkermark för bara tjugo år sedan. Stilen är förstås tidigt 1900-tal, så man kunde tro att husen var äldre, men byggnaderna är så likadana och prydliga och parken så färsk att byn känns som ett dockhem. Det finns lite större skogar omkring, med äldre trävillor från förra sekelskiftet. I dem vill ingen bo. Den lilla pensionärsbyn har en välförsedd bokhandel, en pizzeria och en gourmetrestaurang. Pensionärerna gör promenader på asfalterade stråk runt en pittoresk liten damm.

Härifrån reste vi lunchtid till en country club. Klubben med de angränsande lyxhusen ligger inne på ett omgärdat och bevakat område. Omkring finns skog, igen med korta utstakade promenadvägar. Husens ofantlighet gör att de ter sig som från en parallell verklighet. De är vackra, men lite för fullständiga för att finnas till på riktigt. Obegränsad rikedom råder.

Klubben själv är stor, allt är just lite för brett, högt eller guldigt för att kännas bekvämt. Den är genomkonservativ, liksom hela denna delstat. Just i dag har den dock hyrts för en liberal välgörenhetslunch, som hålls för att främja läskunnighet.

Salen har en oöverskådlig mängd runda bord med linnedukar och välklädda vita människor. De enda mörkhyade är servitörerna – samt stadens borgmästare, en intagande och kvicktänkt svart kvinna.

Mina gudföräldrar är betydande lokala mecenater. De har donerat till stadens bibliotek, är aktiva i insamlingar och bokförsäljningar och har givetvis stött läskunnigheten i North Carolina. Vi placeras därmed vid det finaste bordet, tillsammans med andra stora donatorer. Vårt bord talar om, vad annars, Trump. En säger sig vara försiktigt optimistisk i och med de nya utnämningarna i kabinettet, »han har vuxna omkring sig nu«. Men hans hustru får något vilt i blicken och invänder att hon inte kan sluta oroa sig:

»Jag ligger vaken om nätterna och tänker, hur ska det gå för mitt land?«

Jag frågar vad de anser om att de själva avskyr Trump lika häftigt som republikanerna avskydde Obama.

»Javisst, det gör vi. Men vi har rätt!«

Programmet börjar med en lärare som undervisar invandrare i att läsa och skriva. Många är analfabeter, andra kan inte läsa engelska. För att bli medborgare i USA bör man avlägga ett test med frågor om bland annat grundlagen. Läraren läser provfrågorna högt: de handlar om maktfördelningen i USA, presidentens makt och dess begränsningar, demokratins grunder.

Min gudmor är jurist och har undervisat i årtionden på ett gott universitet. Hon viskar till mig att det är åtminstone en testfråga hon själv inte hade klarat av. Dessutom låter svaren provocerande. I nuläget klingar Förenta staternas konstitution snudd på upproriskt!

En av lärarens elever, en immigrant från Ecuador, berättar om hur han jobbade åratal i USA, blev utvisad och tvingades leva flera år skild från familjen, men att han nu återvänt och lyckats få medborgarskap.

Jag lyssnar på samtalen vid borden intill.

»Min man tycker att jag som inte jobbar borde ha en hobby. Så jag har börjat samla konst. Jag brukar resa till Europa och köpa tavlor.«

»Så intressant! Vilken sorts konst samlar ni på?«

»Ja... jag tycker om tavlor med färg.«

Författaren Lee Smith är lunchens huvudgäst. Hon ser ut som en countrysångare, blond, rapp, personlig och rolig. Smith har just gett ut en samling självbiografiska essäer om sin hemstad och uppväxt bland kolgruvearbetarna i West Virginia. West Virginia är grannstaten där allt är ännu värre än i North Carolina, både i fråga om politik och ekonomi. West Virginias senator har nyligen förklarat att han inte kan finna en enda brist hos den nuvarande presidenten.

Smith läser högt om den lilla specerihandel dit alla stadens kvinnor kom med nyheter och skvaller, vilket väckte lusten att berätta historier hos flickan Lee. Hon läser om denna affär och om staden som inte längre är, som bokstavligen drunknat. Människorna har dött eller flyttat, husen befinner sig tiotals meter under vattenytan i en nyanlagd damm.

Medan Smith läser föreställer jag mig oss ur fågelperspektiv. Den sanslösa lyxen på en country club, de förbisedda skogarna runt den. Och i den mer avlägsna periferin, det fattiga, opiumberoende, uppgivna USA, alla sjabbiga diners med endast rött kött på menyn.

3 maj

Tillbaka hemma. Jetlagen tynger på ett fascinerande vis, som att ha en astralkropp inuti min vardagliga kropp. Astralkroppen vill sova just då jag vaknat, och det går enkelt för mig att somna om och sova sju timmar till ovanpå en full nattsömn. Drömmer abstrakt, att vissa leder i kroppen finner vissa stöd. Det går inte att förmedla till vaket språk, men jag vet att den drömmen handlade om förskjutningarna i tid.

Trump har varit 100 dagar vid makten. I *The New Yorker* skriver David Remnick om hur alla liberaler fångats av samma tvångsmässiga nyhetskonsumtion. Han anser att det är så det borde och måste vara. Denna välkomna preskribering av mina mediasynder får eko av filosofen och debattören Tuomas Nevanlinna här i Finland: Trump är ett reellt hot. Vi måste följa med vad han tar sig till. Kan någon säga vad som skulle skilja honom från de auktoritära strömningarna i 1930-talets Europa?

Tänker på att få visste hur vansinniga de tidigare stora diktatorerna var medan de var vid makten. Det var först i efterhand vi fick lära oss om Stalins paranoia och Hitlers medicinmissbruk. Då det begav sig framstod de som kraftfulla, målmedvetna härskare. Nu ser alla, genom sociala medier, Trumps vansinne i realtid. Vi vet att han saknar moraliska principer och övertygelser (»I don't stand by anything«, som han sagt), att han är okunnig och saknar tålamod och strategisk insikt. Varför skulle någon lyda honom om han ger en slutgiltigt katastrofal order, något världsfarligt, som inte ens skulle tjäna republikanernas intressen?

Den sista tiden i USA blev jag häftigt sjuk, tvingades inställa den konferens som egentligen var hela avsikten med att resa över Atlanten. I infektionens grepp behövde jag min mosters stöd för att kunna ta mig från hennes ytterdörr till flygtaxin. Är otroligt tacksam över att ha så snälla släktingar, antibiotika och sjukförsäkringar, över att inte vara en flykting och febrig tvingas vandra vidare! Men också oerhört frustrerad över att all den professionella inspiration jag hade planerat in genom konferenser den här våren blivit till inget alls (först Paris, nu USA), det känns ödesdigert.

VII

MAJ 2017

Bortom höger och vänster

10 maj

Till valborg går vi på Agit Props konsert i Kulturhuset. En fullproppad sal där de flesta deltog i minoritetskommunisternas konserter på 1970-talet och nu vill återuppliva den stämningen. För mig som numera tagit avstånd från yttervänstern är det snudd på totalpinsamt. Men den första stora behållningen är hur hisnande väl Sinikka Sokka sjunger, fyrtio år efter gruppens stjärndagar. Den andra stora behållningen är att se konserten ur millenniumtonåringars synvinkel.

Stella lyssnar på speakarna mellan låtarna, framförd av en av sånggruppens fyra medlemmar. Han upprörs ordentligt över att kvällstidningarna inte rapporterade neutralt om spanska inbördeskriget. »Spanska inbördeskriget, var det inte för ganska länge sedan?« viskar Stella till mig. Sedan talar sångaren utförligt om hur deras generation präglades av Vietnam.

Inte ett ord under hela konserten om att just dessa 70-talister valde att, till skillnad från andra i samma generation, präglas av USA:s krig i Vietnam men inte av Sovjetunionens invasion i Tjeckoslovakien eller av den ökande kunskapen om stalinismens folkmord. I HBL ger politikern Nils Torvalds samma märkliga historiska förklaring, i debatten som handlar om ifall han med sin vänsterbakgrund passar som presidentkandidat för Svenska folkpartiet. Vår generation formades av USA:s illdåd, lyder ursäkten. I stället för: Vår generation valde att ignorera Sovjets illdåd.

Som barn satt jag i samma sal där konserten nu hölls, säkert tillsammans med många människor som är här i kväll. Det var långa tal av tråkiga gubbar, jag hade fått kritor med mig för att hållas sysselsatt. Jag älskade Agit Prop, jag älskade den chilenska gruppen Quilapayún som också ofta uppträdde på dylika konserter. När Agit Prop-mannen talar om Vietnam med sådant patos darrar en känslosträng i mitt innersta. Jag har fortfarande ingen motsvarande känsla för Tjeckoslovakien. Jag kan inte tala om »min generation«, för försvinnande få i min generation kände samma dragning till yttervänstern som jag av svårförklarliga orsaker gjorde ända in på 1980-talet. Men jag vet att jag och de hade fel, att vi borde ha läst på, lyssnat på forskare och förtryckta, vägrat tjusas av gruppens skydd. Jag kan inte se hur det gör en sämre att öppet medge intellektuella villfarelser.

Agit Prop sjunger om att arbetsgivarna är suspekta och arbetstagarna är goda. »Vem byggde pyramiderna, ja, inte var det faraonerna! Det var arbetarna!« Jag måste förklara för ungdomarna varför någon tänker så, själva motsättningen är obegriplig för dem. Ariel tycker ändå att melodierna är mycket bättre än väntat. Stellas ögon vidgas till tefat. Till slut viskar hon: »Det är så intressant att höra om en tid då det ännu fanns vänster och höger.«

Förra veckoslutet firade vi pappas 80-årsdag: våra föräldrar och vi vuxna syskon, utan makar och barn, ett veckoslut i Köpenhamn. Från hotellet vandrar vi till det temporära popup-vadsomhelst-området vid kajen. Restauranger, musik, konst, önsketräd.

Det är en märklig blandning av att vara utomlands fast egentligen inte, en avslappnad dansk hygge-vänlighet som är otänkbar hemma, inom ett samhälle som fungerar på samma sätt. Det danska språket kan man ju numera efter alla tv-serier.

Min juristsyster, som var en av de få som förutspådde både Trumps seger och Brexit, är livrädd för att Marine Le Pen väljs till president i Frankrike. Då faller antagligen också hela EU. Brexit och Frexit samtidigt går inte, kvar blir ju bara Tyskland.

Någon hade hört att Emmanuel Macron firade att han gick vidare till andra omgången med en lyxig fest för alla innemänniskor vid Champs-Élysées. Hur kan de inte lära sig, måste man förstärka intrycket av huvudstadsbankir? Medan Le Pen fattar att klä sig fult och resa för att träffa de utslagna människorna i provinserna.

I går, den sista kvällen före valet i Frankrike, sent, kom nyheten att e-postmeddelanden läckt från Macrons kansli. Nyheten sprids på Twitter, rapporterar BBC. Vi ringer oroliga till en familjebekant i Paris. Hon har inte hört någonting. Det visar sig att hela den franska pressen respekterar nyhetsembargot som just hunnit träda i kraft. Macrons team meddelar att de känt till försöken till infiltrering och medvetet blandat falska meddelanden med den äkta korrespondensen. Stämmer det? Kanske de vet vad de gör, trots allt?

Sent på söndag kväll sitter min bror och jag på Köpenhamns flygfält. Just innan vi ska gå ombord annonseras valresultatet. Vi väntar tysta vid datorn. Hjärtat bultar. Inte ta något för givet ...

Sedan skjuter procentstolparna upp på skärmen intill foton av Macron och Le Pen. Entydig seger för Macron! Högre procent än just någon vågat gissa.

Vi landar sent, kring midnatt, jag är euforisk ännu i närtåget från flygfältet till Åggelby. Där sitter ett franskt hippiepar som ska vidare norrut, för att vandra. Vad tycker de om segern? Nå, han är så nyliberal, svarar de undvikande. Men kanske det var bra att Le Pen inte vann.

Snabbt börjar jag fråga om hur de planerat sin resa upp mot Saimen. Jag borde försöka förstå hur de egentligen tänker men har ingen lust.

Trump avskedar chefen för FBI, James Comey. Känns stort.

I sin *Late Night Show* verkar Colbert spänd. Han har åtalats för homofobi. Jag som firat pappa i Köpenhamn har inte följt med de senaste vändningarna, men tydligen har komikern kallat Trump för Putins kuksugare, i en rappande tirad som avfyrades efter att presidenten gått oförskämt hårt ut mot en beskedlig och erkänt kunnig journalist.

Colbert invänder att det vore homofobiskt att aldrig vitsa om homosexuellt sex. Trump och Putin råkar båda vara män, men det kunde ju lika gärna ha varit ett heterosexuellt skämt om Merkel och Putin.

Tänker att jag inte sett på någon enda människa så intensivt hela det här politiska vansinnesåret som jag sett på Colbert varje kväll. Inte mina föräldrar, min man, mina barn. Vissa väninnekvällar och middagar som jag länge längtat efter blev ordnade men också då slukas så mycket tid och energi av att stämma av kalendrarna, städa och laga mat att kvällen tillsammans känns som en alltför kort motvikt. Youtube och min nya »vän« för i år når jag på en sekund.

Det lär redan finnas en rörelse att göra Colbert till president. Som om svaret på att väja en idiotisk kändis till president är att välja en lite smartare kändis. Eller smartare familjemedlem. Några bekanta tycker på motsvarande vis, utan skönjbar ironi, att Michelle Obama vore en helt bra idé för USA år 2020.

12 maj

Trump yrar och attackerar Stephen Colbert! Heeelt sjukt. Colbert är supernöjd: »Inser ni inte, herr president, att det är vad jag önskat hela tiden. Jag vann!«

Men vad har han vunnit, utom flera åskådare till sin show?

Samtidigt tar Trump emot ryska ambassadören i Vita huset och låter ryssarna men inga amerikanska journalister fotografera tillställningen.

Journalisterna söker intensivt efter adekvata formuleringar. Vad är det här? »Ännu ett porträtt av en tafatthet som är så surrealistisk att den kvalificerar som ett slags performancekonst, eller kanske slapstick.«

Jag har blivit ombedd att tala om flyktingarnas familjeåterförening på ett seminarium. Som alltid går mer än en hel arbetsdag åt till att omvandla redan existerande statistik och resultat till en tillräckligt snygg presentation. Överväger att ta upp familjeåterföreningen och migrationen i en större helhet, vart är Finlands befolkning på väg? Får vi någon tredje demografisk transition om vi stänger gränserna? Grunnar över i vilken grad jag kan säga vad jag personligen tycker, eller hellre borde hålla mig till neutral expertton. Min arbetsplats är tydlig i flyktingfrågor men eftersom vi samarbetat med ministeriet kan det vara bättre att inte aktivera ramarna för ideologisk samstämmighet mellan mig och publiken.

Till sist inskränker jag mig till att inleda med två otvetydiga fakta. Jag visar först två linjer som korsar varandra. Den ökande linjen är inflyttning till Finland, den sjunkande linjen är vår naturliga befolkningstillväxt, den som alltså minskar för att det dör fler finländska medborgare än det föds för tillfället. I slutet påpekar jag att den brett spridna oron över vår sjunkande nativitet (och därmed, sjunkande naturliga befolkningstillväxt) gäller att det föds några tusen bebisar färre per år än det gjorde tidigare. Ifall alla de som fått flyktingstatus fick ta in sina barn och hustrun till landet skulle antalet nya barn i Finland, i ett märkligt sammanträffande, också röra sig kring tretusen årligen.

16 maj

Trump medger att han avskedade FBI-chefen James Comey på grund av FBI:s undersökningar om kontakterna mellan Trumps valkampanj och Ryssland. Genast efteråt avslöjar han att han just gett hemligstämplad militärinformation till ryssarna.

Tänker att nu får han gå. Men att problemet inte är han, utan de som stöder honom. *Washington Post* skriver samma dag om vicepresident Pence och talman Ryan: Det är dem som historien kommer att fördöma. De är inte sinnessjuka. De vet vad de gör.

Måste skaffa mig den där boken om tyranni och vardagens motstånd, hann aldrig medan jag var i USA.

Har återfall med *Late Night Shows*. En del av mig vill mitt på ljusaste dagen dra ned persiennerna och bara titta på Stephen Colbert. Han kommenterar mitt i prick med att Trump aldrig var någon mästerstrateg, utan att det som gäller för honom är att köra rakt på och så grovt som möjligt.

Världen och Trump är som en osund människorelation. Det tar alltför lång tid att inse att någon faktiskt gör och menar just precis det som det ser ut att hen gör.

Medieforskaren Anu Koivunen skriver i HBL om hur satiren behövs, men att den inte ändrar på något. Ändå är satiren det enda som just nu får mig att både greppa händelseförloppen och lära mig lite bakgrund. Det känns som att jag behöver förstå vilken genre vi lever i mera än vad som sägs, eftersom det senare är nonsens. Inser mycket väl att jag inget hör gällande vad som verkligen diskuteras och beslutas på de ställen dit makten sugits från vakuumet som är Trump.

Om massorna förfördes med rytmisk hatretorik, och det är vad människorna vill ha, kan inte också komikerna haka fast i samma hjärtan och hjärnor?

Fler parodier: I *Saturday Night Live* ingår en fiktiv intervju med presidenten. »Trump« säger det Trump sagt på riktigt. Journalisten tror att han fått ett scoop, men blir upplyst om att inget längre spelar någon roll. Vad presidenten än säger och medger kommer inget att ändras.

Ändå höjs nu seriösa, politiskt neutrala röster för att Trump bör avsättas från sitt ämbete. »Vi riskerar att sammanlänka nationens framtid med en auktoritär ledares infall.«

Orden som prövades ut lite på skoj – auktoritär, sjuk, narcissist, galen – brukas nu på allvar.

Högmod går före fall. Ordspråken har rätt. Budorden i alla olika religioner har rätt. Den vetenskapliga metoden har rätt.

Hur snabbt faller han?

Sylvia blir av med sin ortos, får stöda på benet fullt igen. Vi träffar en snorkig läkare som vägrar tala svenska, eller ens göra sig besväret att fråga om Sylvia förstår finska. Genast efter det träffar vi världens underbaraste tvåspråkiga fysioterapeut. JP tycker det är jag som är snorkig mot läkaren som var så trevlig. Talar om den här hierarkiskillnaden på mitt eget jobb. Kollegan A påminner om att läkarna ser sig som gudar och ska behandlas som sådana, fast skötarna är minst lika viktiga för tillfrisknandet.

Senare den dagen går vi på jobbet igenom två himlastormande fina nya forskningsresultat. Själv är jag hur splittrad som helst och får inget färdigt, men dessa duktiga kvinnor presterar äkta vara, det gör själen glad.

17 maj

Nu tror också Laura Saarikoski, Trumpexpert och USA-korrespondent för *Helsingin Sanomat*, att Trumps fall kanske kan skönjas vid horisonten. Avslöjandena om Rysslands inblandning i valet rasar in och metaforen »cirkus« används. Fast Washington saknar helt cirkusens glädje och mildhet. Det är hårt, fult och cyniskt.

Talkshowerna driver med Vita husets personal som gömmer sig i buskarna eller stänger in sig på sina rum. »Fråga mig inte vilket intryck det här gör, vi vet alla vilket intryck det här gör«, säger en medarbetare, som liknar stämningen i Vita huset vid den på ett bårhus.

Tänker på vitsen där »Trump« säger: Vänta bara, i nästa avsnitt av vår nonstop reality-tv-show avslöjar vi att Kellyanne Conway varit död hela tiden!

Den liberala pressen uppmanar medhjälparna att avgå nu genast för att rädda sig själva, och varför inte, i samma veva, hela landet.

Jag är duktig flicka (snarare, duktig gumma) på jobbet och hemma och betar mig igenom reseförsäkringsanmälan, räkningar, inköp, städande, festplanering för Stellas myndighetsdag. Försenar mig från gymmet och har ont i rygg och nacke men motiverar mig med stunden då jag får lov att se senaste Colbert och läsa *The New York Times*. Vilken tur att sen eftermiddag i Finland betyder färska nyheter från USA.

Colbert sviker mig inte heller i kväll. »Nu över till en expert, i en direktsänd intervju med en professor i amerikansk presidenthistoria.« Rutan visar en gallskrikande kvinna i det nattliga ovädret utanför ett spökhus, i en snutt från en skräckfilm: »Whaat's haappeniiiiiiing!!!!!!« ylar hon. Vad *är* det som händer.

18 maj

Ny morgon, nytt scoop. Nu släpps en utskrift av ett bandat samtal med den republikanska inneklicken. Förra juni berättade en nära kollega till bland annat talman Paul Ryan om Trumps band till Ryssland. I utskriften säger en politiker som arbetat för Trumps kampanj att han tror att Trump får pengar av ryssarna. Alla skrattar (aningen nervöst, får man anta?). Ryan säger att detta inte ska läcka ut utan bör »stanna inom familjen«. Vi vet inte i vilken ton detta maffiamotto sades eller uppfattades. Mera skratt rapporteras från bandet som *Washington Post* transkriberat.

En sak har Trump rätt i: hans Vita hus läcker. Där republikanerna saknar ryggrad och säljer alla värden, finns en bisarr motvikt genom de anställda som läcker, läcker och läcker. Inte särskilt mycket ryggrad gentemot sin arbetsgivare heller. Handlar det om samma individer?

Till exempel: Vem bandade det förtroliga samtalet »inom familjen« hos de republikanska ledarna? Det samtal som fördes långt innan Trump blev vald?

Det påstås att Vita husets anställda söker nya jobb. Det diskuteras om vad den här yrkesepisoden gör för deras tillförlitlighet och attraktivitet på arbetsmarknaden. Jag undrar vad det gör med dem på ett djupare plan, som människor? Att täcka över och önsketänka bort så allvarliga frågor? När började den republikanska ledningen med det?

Politik är förstås kohandel, kompromisser och ideal som trampas i marken. Men det finns en skillnad mellan manipulation och direkt lögnaktighet.

Första gången jag stötte på att någon ljög inom sitt yrke var i Ryssland. Året var 1993, och en hög tjänsteman i Petersburg sade till vår grupp demografer att de inte hade den minsta aning om hur många människor som verkligen levde i staden. Han sade inte att de inte ville ge ut dylik statistik, vilket hade varit begripligt, till exempel för att den ansågs vara politiskt känslig eller ekonomiskt lönsam. Han påstod att de inte hade tillgång till den. Sättet han sade det på gjorde att det långsamt gick upp för mig att han blåljög, och struntade i att jag insåg det.

I januari skrev jag om statssocialismens förljugenhet, den tudelade *homo sovieticus*, som sade en sak offentligt och en annan privat. Nu kommenterar media upprymt hur Kellyanne Conway, bortförklarandets översteprästinna, sagt sig behöva en dusch efter att ha propagerat för Trump under valkampanjen.

Ifall det stämmer betyder det att vissa republikaner seriöst gått in för att bli konsekvent, offentligt förljugna.

Det gäller dock inte presidenten själv, som antagligen tror på vad han säger, eller inte minns vad han sagt, och i alla fall inte får moraliska kval över sig själv.

Reser till ett arbetsmöte i Sydfrankrike. Det ska handla om den stora sociologiska undersökning om befolkningens åldrande som genomförs i samtliga EU-länder. Mitt team sköter Finlands andel. På programmet står metodologi och finansiering, så det är långt ifrån den vitamininjektion av idéer och nya forskningsresultat som en vanlig konferens erbjuder. (Och som jag lider så akut brist på.)

Från flygfältet i Nice går bussarna till centrum från ett ställe, bussbiljetterna säljs på ett annat, i båset sitter anställda som gäspar och sträcker på sig och ser blaserade ut. Hotellet skriver kvitton för hand. På gatorna syns klungor av unga män, ensamma unga män, och så turisterna förstås. Var är de unga kvinnorna? Hålls de inomhus? Jobbar de i kaféerna? Studerar de i Paris?

HOPPET VANN, annonserar *Paris Match* sitt specialnummer med en meterhög bild av nya presidentparet Emanuel och Brigitte. *L'espoir a gagné!* På näthinnan har jag ännu bilderna från Macrons installation, där han ensam promenerade genom Louvren. O, lycka att höra en president som talar om kulturens betydelse. Vill köpa ett nummer hem till mamma, som följer med den franska politiken detta år lika tvångsmässigt som jag följer med den amerikanska, men det är slutsålt. Jag frågar tidningsförsäljaren vad han tycker. Ja, han gillar Macron men är pessimistisk. »Vi hoppades ju också alla att Sarkozy skulle lyckas, och sedan Hollande, och se bara hur det gick med dem.«

I Nice levde Europas äldsta befolkning – eller äldsta som lämnat spår efter sig. Här finns samtliga lager europeisk kultur, från stenåldershyddor till medeltida borgar, skimrande vackert 1880-tal och så de snikna 1970-talshusen som tveklöst förstör strandpromenaden.

Vandrar upp till den höga kullen som reser sig brant ur havet. Ett av världens vackraste ställen, säkerligen, med utsikt över Atlanten och den buktande strandlinjen. Kullens slottsborgar har bevarats men det mesta är nedgånget och slappt kommersialiserat. Glömde korkat nog baddräkten hemma på sängen, vilket stör mig oskäligt mycket. Att kunna doppa sig i ljummet, salt, turkost vatten... Går ändå ned till sandstranden och vilar på rygg. Här mejade en terroristkapad lastbil ned ett hundratal människor för ett år sedan. Nu poserar familjer för selfier på stranden. Ingen simmar fast vädret motsvarar finsk sommar. Vågornas form är desamma som under förhistorisk tid, och själva vattnets molekyler är desamma.

På mötet finns deltagare från alla EU-länder. Under middagen berättar den danska kollegan om sina franska vänner, ett arkitektpar, som först stödde François Fillon och högerpartier. Efter att Fillons kandidatur kraschat på grund av misstankar om mutor valde dessa franska arkitekter att rösta på Marine Le Pen och Nationell samling. De tycker att Emmanuel Macron och hans nya politiska rörelse är alltför oerfaren. Kollegan beskriver förlägenheten då det plötsligt blir omöjligt att föra ett ärligt samtal med nära vänner. Det är samma privata spänning jag hörde så mycket om under resan i USA.

Jag har den här månaden insett att politiken, som Stella säger, faktiskt inte längre handlar om vänster eller höger, utan om globalister eller nationalister. Visst har jag hört det här sägas förr, jag har själv använt en karikatyr över den här förändringen då jag föreläser: en bild där två grupper drar åt motsatt håll, den ena hemåt mot den traditionella byn och den andra utåt i de urbana, professionellas värld, över en klyfta som vidgar sig. Men först nu känner jag av denna motsättning, inom mig, och i världen runt omkring. Tiden då det ännu fanns höger och vänster är förbi. Det banar väg för storseger för nya krafter likt Macron, som ifrågasätter de etablerade partierna. Vem överskrider vänster-höger-uppdelningen därhemma – de gröna?

På samma middag menar den israeliska kollegan att israelerna inte har någon stark åsikt om Trump, han har ju bara talat och inte gjort något. Jag antar att kollegan avser Trumps politik mot Israel, som kan tänkas ligga honom varmast om hjärtat, men vågar inte fråga. Som om inte skada av oerhörda, fast kanske ännu inte oåterkalleliga mått, redan fåtts till stånd i fråga om inreseförbudet eller naturskyddet, exempelvis.

Samma ståndpunkt förs fram i en kolumn i *Washington Post*: media går så hårt åt Trump, fast han står för något alldeles nytt. Vi ska inte tänka för mycket på vad han säger, tycker den här republikanen, och det är inte Trumps fel att alla läcker information. En annan röst, flera andra röster, menar tvärtom att republikanernas hopp och anständighet nu slutgiltigt grusas. Vad som än sker och hur det än går kvarstår det faktum att Trump är mentalt oförmögen att leda landet.

Det skrivs också om hur presidenten beter sig som ett sårat djur. Det gjorde mig rädd i går, för första gången. Rädd i kroppen, med bultande hjärta, inte abstrakt orolig. Minns det samtal som fördes mellan ryska bekanta år 2010, då det ordnades stora demonstrationer mot Putin. Några var så glada. Vi har demonstrerat! Vi har skrämt honom! Men andra var mera skeptiskt lagda och menade att det värsta man kan göra med maktgalna ledare är skrämma dem.

Nu drar också ekonomen och kolumnisten Paul Krugman direkta paralleller till Sovjetstyret. Det har gått över tjugo år sedan Newt Gingrich tog över republikanernas parti i den amerikanska kongressen och inledde eran med populistiska och osanna argument. »Det betyder att alla republikaner i dagens kongress är *apparatjiks*, politiska varelser utan någon högre princip än lojalitet mot partiet.«

19 maj
Träffar Tanja från Moskva. Hon är en ofelbart energisk person som först var expert på alternativ pedagogik och senare på lärarutbildning. Tanja var alltid skarp och analytisk, aldrig politisk. Hon är snarare en företagarsjäl, den människotyp jag själv inte alls tillhör men beundrar desto mera, sådana som verkligen förändrar världen. Jag känner henne sedan 1980-talet, då hon bidrog till att öppna det ryska skolväsendet genom att införa ny liberal pedagogik.

Den här gången överraskar hon mig med stora nyheter. Hon har just klarat sig, fast sargad, genom en politiskt motiverad klappjakt på sitt universitet.

Berättelsen är krånglig, men hon återger den väl. Allt började med att den före detta presidenten Medvedev gav en valhänt kommentar till unga lärarstuderande. Medvedev ville uppmuntra unga att bli lärare fast lönen inte är något vidare, men det slog fel. En protestvåg uppstod och syndabockar behövdes. Huvuden började rulla inom undervisningssektorn. Det ledde i sin tur till rektorsbyte på det ansedda statliga universitet i Moskva där Tanja själv i tiden studerat, och där hon har lett en avdelning som sysslar med fortbildning av lärare. Den gamla rektorn fick gå och den nya rektorn inledde raskt med att ersätta den tidigare personalen med vänligt inställda lakejer.

En dag nådde processen Tanja själv. En rutinartad verksamhetsberättelse skulle godkännas av ett oberoende vetenskapligt råd. Men eftersom rådet hade fått instruktioner om det önskade resultatet gällande hennes enhet, underkändes rapporten med hänvisningar till fabricerade petitesser. Tanja själv fick ingen kännedom om att rapporten blivit underkänd eller om de påstådda bristerna. Härnäst skulle den underkända rapporten avhandlas i nästa högre och formellt oavhängiga instans, ett slags institutionsråd. Dit hade Tanja inte blivit inbjuden, men hon anade oråd och lyckades nästla in sig på mötet. Där bad hon om ordet och framförde sin protest: mot själva anklagelserna, mot att hon inte fått höra om dem, mot att hon inte blev inbjuden till mötet. Ärendet gick till omröstning – denna gång en sluten sådan. Mot all förväntan blev omröstningen till hennes fördel. Verksamhetsberättelsen godkändes och Tanjas ära hade rentvåtts. Följande dag sade hon upp sig.

Jag hänger inte längre med.

»Varför säga upp dig efter att de just stött dig?«

»Jag orkar inte slåss mot universitetets ledning, som vill bli av med mig«, säger hon. »Nu har jag ingen smutstvätt, det är rätta ögonblicket att sticka.«

»Men varför ville de inte ha dig«, undrar jag, »du hotade ju inte dem på något sätt, behöver de inte skickliga anställda?«

»Jag frågade detsamma av min mentor«, svarar hon. »Han säger att ledningen känner sig hotad av allt som är annorlunda. Jag är inte politisk men jag är för öppenhet, deltagande, frihet. Det irriterar dem. Dessutom tyckte studenterna om mig och det gillade ledningen inte heller.«

Efter att hon sagt upp sig gick Tanja hem och skrev sent på kvällen en lång redogörelse för den veckans upplevelser på Facebook. Den posten har nu delats bland lärare och utbildare runtom i hela Ryssland, tiotusentals gånger. Andra lärare talar ut om liknande förföljelser, om hur kreativitet och professionalism förkvävs.

Några veckor senare gick hon till sin arbetsplats för att tömma rummet. I samma veva tog hon avsked av personalchefen. Personalchefen bad henne med tårar i ögonen att överväga sitt beslut och stanna. Tanja påpekade torrt att just personalchefen själv satt i det vetenskapliga råd som enhälligt röstat mot henne. Kvinnan svarade att hon inte har någon chans att få anställning annanstans, hon måste lyda.

»Kriget saknar inte en soldat«, säger hon till sitt försvar.

Då invänder personalchefens sekreterare, som åhört hela samtalet och är på Tanjas sida:

»Men Tanja Mikhajlovna, hon var just en sådan soldat som vårt krig saknar.«

Den här scenen stannar i minnet för att jag själv ofta tänkt på just det ordspråkets begränsningar: i små kretsar är det väldigt, väldigt ofta som stridens utgång hänger på en persons närvaro, eller frånvaro. Dessutom förundras jag över ett universitet där personalchefer har egna sekreterare.

27 maj

Vaknade för några dagar sedan med så styva leder att jag gick darrigt nedför trapporna. Är det så här det blir? Resten av livet? Att det från och med nu är dags att klaga på värkande leder? Talade resignerat och dystert med väninnan K i Amherst, som säger att hon vaknar upp utan värk. Det är alltså inte oundvikligt. Undrar var jag hittar en insatt läkare med helhetssyn – borde jag ändra matvanorna, sluta hårdträna, hårdträna mera, VAD? Kan inte heller träna tre och tänja två timmar varje dag – av praktiska skäl liksom av notorisk brist på disciplin – fast det säkert skulle återställa allt, och mera.

Sedan i dag: mens.

Blod, som jag inte vet vad jag ska tänka om. Vara glad så länge det varar? Vara irriterad på att jag inte förutsett det och inte har skydd med i omklädningsrummet? Stolt vemod över det sista ekot av fruktsamhet?

I morgon deltar jag i radions Slaget efter tolv, de vill ha en diskussion om kön. Två forskare har skrivit en parodi på kritisk mansforskning och lyckats få den tryckt i en vetenskaplig tidskrift. »Den konceptuella penisen som en social konstruktion«, heter artikeln. Varje mening de två männen författat kunde ha tagits från vilken typisk postmodernistisk feministisk tidskrift som helst. Jag vet, för jag kollade.

Så här lyder det: »Penisens relation till manlighet är en inkoherent konstruktion. Vi hävdar att den konceptuella penisen bör uppfattas inte som en anatomisk kroppsdel utan som en könsperformativ, högst flytande social konstruktion.«

Den konceptuella penisen kan enligt fejkartikeln länkas till miljöförstöring, krig och förtryck.

Den akademiska feminismen slår bakut: Att skämta så här är att ifrågasätta feminismen! Det påpekas också att det inte var någon högklassig tidskrift som parodin publicerades i, vilket stämmer. Den konceptuella penisen hade refuserats i en tidskrift med högre anseende, vars redaktörer inte vill (tillsvidare, åtminstone) offentliggöra refuseringsbrevet. Jag misstänker att de inte insåg att det var en bluff, och inte sade att det här är roligt men har inget med vetenskap att göra.

Det var länge sedan jag läste den här typen av akademiska texter. I den tidskrift som nu uppbragt försvarar sig hittar jag bland annat en artikel om manlighet som utgår från författarens analys av sig själv. Texten gör svepande påståenden med hjälp av fransk psykoanalytisk och svårbegriplig terminologi.

Jag frågar en genusforskare varför sådant alls publiceras? »Vi vill ju stöda och hjälpa varandra, det är också en viktig princip«, säger hen. Så offras den vetenskapliga kritiken på vänskapens och gruppmysighetens altare.

Jag känner djupt obehag att alls gå in i den här debatten, kan inte sova natten före. Frågar mig också vem av Yle Vegas lyssnare som överhuvudtaget bryr sig om den här obskyra diskussionen? Känner mig som »den enda soldaten« i det ryska ordspråket, att jag är förpliktigad att delta på grund av min egen historia, för att jag står för en feminism grundad i kritisk realism i stället för postmodernism.

I dag träffar jag en väninna som frilansar för oss emellanåt. Hon berättar om sin kamp med att få tid hos en fysioterapeut efter förlossningen. Slidan är inte som den borde vara, men läkaren vill inte ge henne tid. Läkaren motiverar beslutet med att »alla mammor klagar men inte gör de ändå de övningar som fysioterapeuterna föreskriver. Det är bortkastade pengar!«

Undrar varför lösningen inte är att utveckla metoder som skulle hjälpa kvinnorna bättre. En kollega på jobbet säger att Tyskland har speciella grupper, för alla vet att ingen orkar göra övningarna ensam hemma.

Tänker på alla de mammor jag känner, som flera år efter att barnen vuxit upp fortfarande lider och kissar på sig eftersom musklerna aldrig återställts. Alla äldre kvinnor som blir tvungna att flytta till servicehem då de inte klarar sig ensamma hemma: att inte hinna till toaletten är den största enskilda orsaken för att inte kunna bo hemma längre, åtminstone i USA. Ett osynligt, genant, psykiskt och samhälleligt dyrt problem som ingen talar om överhuvudtaget. Våra kroppar, våra jag.

30 maj

Stella har blivit myndig. Under firandet frågar jag närvarande släktingar om Trumps administration. Vilken genre handlar det om? Är den shakespeareansk? Givetvis, utbrister alla. Men vilken pjäs? *Kung Lear*, och delar av *En midsommarnattsdröm*? Det är ändå något som inte stämmer. Shakespeare är alltför sofistikerad.

Dagen efter får jag bevis på något jag länge misstänkt men som nu förtydligats då jag skriver den här månadsboken. Det räcker att jag har en tanke för att jag nästa dag ska stöta på samma tankegång eller frågeställning, givetvis i en mera utvecklad, mognare form.

Då jag slösöker på Twitter har Trump twittrat att någon vid namn Kathleen Griffin är smaklös. Jag kollar upp henne. Griffin visar sig vara en konstnär som gjort en fotosession där hon står och håller Trumps blodiga, avhuggna huvud i håret. Griffins osmakliga upptåg fördöms. Dock verkar alla på Twitter associera endast till IS, ingen till Judith och Holfernes. I eposet *Beowulf* finns också ett monsters avslitna huvud. Hjälten dödar först monstret, men i uppföljaren infinner sig monstrets rasande mor, vars huvud han hugger av i en magisk tvekamp djupt under vattenytan.

Griffin-ståhejet leder mig till en länk till en essä, något av det bästa jag läst på länge. Skribenten menar att Trump längst inne måste känna av att han är världens mest förlöjligade människa. Sedan ger hon äntligen svaret på vilken arkaisk berättelse världen ramlat in i: Trumps megalomani liknas vid den ryska sagan om önskefisken. I början fångar den fattiga fiskaren en önskefisk, men släpper fisken fri efter att den lovat att uppfylla hans önskningar. Mannen tycker det är bra som det är, men hustrun vill först ha en bättre stuga, sedan ett borgarhus, sedan ett palats. Till sist önskar hon bli Gud själv. Då befinner de sig plötsligt tillbaka i sin lilla fiskarstuga.

Fiskaren sätts på plats, vilket ännu inte inträffat med Trump. Men vem är fiskarhustrun: republikanska partiet?

Från tidernas begynnelse har alla hjältar varit modiga, trofasta och kloka. Hjälten i det tidigaste eposet, Gilgamesh. Skönheten i sagan om henne och odjuret, en euroasiatisk berättelse som verkar höra till de allra äldsta. Skönheten och odjuret har daterats 2500–6000 år bakåt i tiden och handlar om att uthållighet och vänlighet vinner över onda ränker. En annan uråldrig berättelse är de otaliga versionerna av Fru Holle, historien om flickan som slängs ner i brunnen men finner en underjordisk värld där hon arbetar för en gammal kvinna som styr vädret.

Å andra sidan går andra berättelser ut på att luras och lyckas ändå. »Gissa namnet«, sagan som hos Grimm heter Rumpelstiltskin, i vilken hjältinnan får hjälp av en övernaturlig varelse men lyckas avvärja den utlovade betalningen, hennes barn, genom att lista ut varelsens namn. Eller berättelsen om smeden och djävulen, som kanske är så urgammal att den fanns i den ursprungliga gemensamma indoeuropeiska kulturen, där smeden ingår en pakt med djävulen men lurar denne. Jag har tänkt på sagorna med de rådiga, vänliga flickorna, som med flit och kärlek får världen och livet i balans. Men har jag på ett katastrofalt sätt förbisett de berättelser jag personligen tyckt mindre om, de bondska skämten om filuren och lurendrejaren, som jämt drar hemåt och ändå klarar sig galant? Hjälp ...

Washington Post inleder i dag med en grej om hur slitet det är att jämföra Trumps svärson Jared Kushner med Ikaros. Det är det inte alls! Myter och sagor ger mig den bästa klangbottnen till världens gång.

VIII

JUNI 2017
Kollapsen kommer

13 juni
Det politiska vansinnet fortsätter. Trump samlar pressen för ett bevittna ett möte som inleds med att hela hans stab deklarerar sin obrutna lojalitet och kärlek till den stora ledaren.

Jag är beroende av Stephen Colbert, Colbert är beroende av Trump och Trump är beroende av Colbert och all mediauppståndelse. Det är en sjuk symbios. Den avbryts för min del nu.

24 juni
Vid frukostbordet i Avallon sitter en chic, vänlig dam som jag inte sett de första dagarna. Vi är på Kinnernet, en så kallad icke-konferens i denna sägenomspunna medeltida by söder om Paris. Konceptet är extravagant, med ett konstmuseum och ett privat slott som öppnats för 200

handplockade deltagare. Icke-konferensen har bannlyst oändliga powerpointpresentationer i ljusknappa salar. Det handlar om samvaro, konst, mat, dryck, spontana sessioner. Vissa regler finns: alla ska ge sitt bästa, alla ska vara vänliga, alla ska städa efter sig, inga droger. De flesta regler efterföljs. I synnerhet vänligheten.

Kärnan i gruppen är internetföretag, från mediejättar till startup-företag. I lunchkön står medlemmar i den globala eliten, sådana som inbjuds för att briefa ministrar då de flyger över oceanerna i privata flygplan, men det inser jag till all lycka först efteråt. Jag är den enda forskaren och malplacerad, sociologi tänder inga blickar här.

»Nej, vi har inte setts, jag kom just från Cannes«, säger damen vid frukostbordet. »Ja, jag är i reklamindustrin«, tillägger hon vagt då jag undrar.

Jag får känslan att de flesta omkring oss vet vem hon är. Hon frågar vänligt vad jag tycker om icke-konferensen. Jag svarar att det är aningen förbryllande att höra alla tala om en stundande apokalyps utan att jag har en aning om vad som avses.

Den första dagen reste vi till en deltagares slott och fick först bekanta oss med hur dess historiska trädgård och park restaureras. Efter det hålls den första sessionen, på gräset ute i solskenet. En startup-man i svart keps som också verkar som rådgivare i cybersäkerhet för franska staten inleder. Han säger att den artificiella intelligensen utvecklas med stormsteg men kännetecknas av tre saker: den är otroligt nyttig, den är potentiellt farlig, och den är väldigt långt ifrån en allmän intelligens likt människans. Den allmänt intelligenta maskinen finns inte, betonar han. Visst, robotar kan redan nu imitera en mänsklig röst de hört i bara några sekunder, med oöverskådliga följder. (Vad händer med röststyrda datorer när rösten kan förfalskas? Hur lätt är det inte att kidnappa ett barn, om du kan ringa och imitera förälderns röst?) Men hur kusligt snabba och exakta robotarna än blivit, har de ingen chans mot människans slutledningsförmåga. Att se en uppenbar men oväntad grej, att greppa helheter, det är vi fortfarande bäst på. Därför, tror han, kommer robotarna och människorna att komplettera varandra.

»Kampen står mellan artificiell intelligens och annan artificiell intelligens«, avslutar han, »inte mellan artificiell intelligens och människorna.«

»Finns det grupper som jobbar med världen efter apokalypsen?« frågar då en man, makligt utsträckt under de stora ekarna.

»Javisst, väldigt många«, menar han i kepsen. »Apokalypsen är kanske till och med lite för trendig just nu. Jag tycker själv att det kanske är viktigare att fokusera på vad som sker medan vi närmar oss den.«

Det är här jag trillar av. Jag vet något om robotisering och de etiska problem som medföljer. Känner inte till något om robotar som imiterar röster men kan följa resonemanget. Jag fattar också att teknik kan användas till både goda och onda ändamål. Men vad då apokalyps? Är världens eller den västerländska livsstilens undergång så nära förestående?

Vad är det som ska hända? Terroristattacker, eller hackare som förstör alla elektroniska system? Stor arbetslöshet och protester då automatiseringen går för långt och tar människors lönearbeten? Eller ett maktövertagande av robotarna?

Nu vid frukosten finns det tid att fråga. Mediadamen menar att apokalypsen är lite av varje. Arbetsplatserna tar slut. Människor blir frustrerade. Systemen är sårbara. Fientliga grupper och stater anfaller.

Hon upplyser mig om att uppfinnaren och gurun inom artificiell intelligens Elon Musk just sagt något om farliga robotar, ett uttalande alla här säkert känner till. Nästan samtidigt har Facebooks Mark Zuckerberg uppdaterat mediejättens mission. Tidigare hette det att Facebook skulle göra världen uppkopplad och öppnare. Nu vill bolaget föra världen närmare samman (»bring the world closer together«, det här haltande bildspråket hade jag fått minus för i en gymnasieuppsats) och stöda gemenskaper, »sustain communities«. Det låter fint men väldigt luddigt, fast mottot översätts på svenska sajter till det grammatikaliskt mera logiska »ge verktyg för att skapa meningsfulla och viktiga samband mellan människor i olika sorters gemenskaper«.

Med andra ord har några av de stora aktörerna fått en känsla av att världen kommit på sned. Av att sammanbrottet kanske står för dörren.

Under konferensens andra dag presenteras allt vildare visioner. I den närmaste framtiden har skillnaden mellan skärmar och det riktiga livet suddats ut, utgår de flesta från. Först försvinner skärmarna och vi kan styra manickerna med rösten, blicken eller tanken. Därnäst utplånas skillnaden mellan verklighet och förhöjd verklighet.

»De här datornördarna är alltid lika galna«, stönar Laura, väninnan jag rest hit med. »Som om inte författare och schamaner känt till förhöjd verklighet i evigheter redan.«

Varför är det så ofta män som entusiasmeras av en totalt digitaliserad tillvaro, undrar vi.

Nästan ännu mera främmande och förvånande är den här gruppens syn på sociala sammanhang. Det kan låta som om vi alla var Zuckerbergs lärjungar, det är »community« som gäller. Min ryggmärgsreaktion är den maktkritiska sociologens: så naivt och oanalytiskt. Här sitter framgångsrika proffs som kan ta sig till precis vad de har lust med och intalar sig att allt de gör gagnar andra!

Men efter några dagar är jag mindre sträng. Det beror mest på att själva upplägget för den här icke-konferensen fungerar. Vi håller på att sammansvetsas till en äkta social grupp, en community. Det uppstår riktig vänskap, visas äkta vänlighet, föds genuina diskussioner, exempelvis mellan en medelålders indisk medborgaraktivist som fostrat tio barn och en ung gay man som var med och grundade Google.

Det slår mig att socialvetare, sitt forskningsämne till trots, just aldrig har dylika professionella sammankomster. Möten där alla skulle delta med kropp, intellekt och samtliga sinnen, där man leker fram en bättre minivärld i vilken alla åtminstone för stunden bryr sig mera om varandra än tidigare.

Har äntligen lytt mina upprepade föresatser och slutat läsa om Trump, hurra, lyssnar inte ens på nyheterna. Värmen, personligheter, samtal. Vakar två nätter då det dansas till gryningen.

Sessionerna bildas så att någon skriver ett tema och sitt namn på en stor tavla. Namnen, ämnet och tiderna kan ändras, slås samman eller strykas. Ingen vet vem som dyker upp fast flera förstås aktivt rekryterar åhörare till sin session. På sessionen om rysk cyberkrigföring samlas ett tiotal, den är inte populärast men givande. Hit till museets övre våning söker sig i synnerhet esterna, finländarna och alla med polsk bakgrund!

En rödhårig säkerhetsexpert och sci-fi-författare talar om den ryska infiltrationen och hur Facebook bidrog till att Trump vann. Han berättar hur Facebooks reklamer redan i flera år anpassats efter användarens personlighet. Den som är neurotisk får en bild där kandidaten talar för ordning och reda. Den som är öppen för nya saker får i stället en reklam för samma kandidat, som nu förespråkar utbildning och utveckling.

Inledaren fortsätter med att Ryssland medvetet satsat på ökad politisk propaganda på nätet i flera år. Västmakterna tänkte sig att försvar fortsättningsvis handlade om att försvara byggnader och personer, men förstod inte att nya medel tagits i bruk i kampen om massornas sinnen.

Han sätter fingret på mitt nya obehag gällande deltagandet i sociala medier. Minsta personliga »like« får märkvärdiga och oöverskådliga politiska följder. Det här är också ett sätt på vilket det politiska blivit personligt.

Under sessionen uttrycks allmän beundran inför Emmanuel Macrons proffsiga sätt att gardera sig mot hackare och troll. Han hade faktiskt förutspått ryssarnas cyberattack och byggt upp försvaret i tid.

Senare på kvällen frågar jag säkerhetsexperten vad som egentligen hände med Wikileaks, som till en början stod för medborgarnas rätt till kunskap gentemot förtegna stormaktsintressen? Bidrog Wikileaks verkligen till Trumps seger, genom att aldrig läcka något komprometterande om Trump men i det avgörande ögonblicket hösten 2016 släppa ny e-post från Clintons läger? När började Wikileaks grundare Julian Assange gå i Rysslands ledband, eller har han gjort det från första början?

Experten menar att Assange antagligen aktivt avskyr Clinton. Oavsett om han sålt sig till ryssarna eller inte, om de har någon hållhake på honom eller inte, önskade

Wikileaks kanske allra mest att Clinton inte skulle vinna. Ryssarna har förstås utnyttjat dylika intressen maximalt, genast och alltid då de kunnat.

Jag minns hur kategoriskt mina konservativare brittiska och amerikanska vänner fördömde Assange, »en förrädare«. Då såg jag honom som någon slags frihetshjälte. Hur lyckades jag, och vänstern, igen idolisera en så farlig man?

Den sista natten talar jag med Tristan Harris, som arbetat på Google men som nu grundat en rörelse mot sociala medier. Han är den enda vars namn jag kände till från tidigare, för jag stötte på honom i våras då jag började försöka minska min egen närvaro på sociala medier. Harris käpphäst är att Facebook, Apple, Google och Youtube blivit tidstjuvar. De vill att vi tillbringar så mycket som möjligt framför skärmarna. Ju mera tid, desto större annonsintäkter. Lite som i Michael Endes roman *Momo*, där en bra idé får hemska följder och resulterar i att världen fryser fast i ett sterilt nu och tiden aldrig fortsätter. Fast nu gick det tvärtom: en bra idé har fått världen att rusa iväg i ilfart, så att möjligheten att stanna upp och leva i nuet hotas.

Harris talar om »time well spent«, väl använd tid. Det vore klokare ifall apparna mätte hur lång tid användarna tycker är vettigt utnyttjad tid på media, i stället för att maximera tiden i sig. Men ett sådant tänkesätt går fullkomligt emot ägarnas affärslogik. De resurser Facebook lägger ned på att motverka *fake news* eller nätberoende är löjligt små, betonar Harris. Apple är den enda av mediejättarna han tror att möjligen kan ändra sig och stöda den nya rörelsen, eftersom de får inkomster av apparaterna snarare än av den tid vi lägger ned på dem.

Människor älskar att vara beroende av sina telefoner, har han märkt, de har egentligen ingen motivation att minska på skärmtiden. Vi har byggt en digital metropol, suckar han, där det varje sekund finns två miljarder uppkopplade invånare. Denna nya digitala värld består av några enorma kasinon dit alla flockas för att spela och umgås, men väldigt lite annat. Var finns polisen, sjukvårdarna, terapeuterna? Var förs det demokratiska samtalet med tid för eftertanke?

Under konferensen söker vissa upp Harris och ber om råd. Vad ska jag göra när jag jämt är på telefonen? Göm de mest beroendeframkallande apparna i en mapp under en annan mapp, uppmanar han. Ta bort färgerna så de inte ser ut som en lockande hög karameller, utan sakligt grå.

De praktiska råden känns väldigt blygsamma jämfört med problemets vidd. Reflekterar också över att Harris värld, liksom de flestas här, är den ogifta, barnlösa professionellas. Utmaningarna för en barnfamilj är ganska annorlunda, mängden av egen tid att använda annat än förnuftigt betydligt mindre ...

Han ter sig som en sorgsen prins, värdig sitt förnamn, och vill inte dansa alls utan funderar på sin rörelse. »Det är så bråttom, vi har så lite tid.« Men snart ska något stort ske, då de går ut i offentligheten. Så jag går till källaren, där en arkitekt under en popup-nattsession beskriver hur han byggde ett högt tempel av tunna marmorskivor. Några sover, andra lyssnar.

Starkast på minnets näthinna syns Isabel, min väninna från Oxford, här i viking-valkyriaoutfit med stövlar, fjädrar, läder. Ohämmad och strålande.

Isabel talar om marmortemplets andakt, om festivaler, om varför vi i vissa situationer känner behovet att träffa varandra, samlas i stora klungor. Ofta gäller det tider av stor glädje, karneval och festande, eller tider av stor sorg.

Alla vi världspolitiskt oroade som inte gör något konkret politiskt men skriver, läser, underhåller varandra, är det en kollektiv sorgeritual?

28 juni

Illa, illa. Vi semestrar i Frankrike. En sagolik dag vid stranden, vit sand, turkost vatten, största delen av familjen i fullkomlig balans. Enligt de äldre barnen har vi äntligen, för första gången, en perfekt semester, med både simbassäng och hav för dem och vandringsrutter för oss vuxna som skyr strandliv. Då textar en kollega mig att resultaten kommit. Beslut har fattats om den forskningsansökan vi hängivet arbetat med i över två år, med stora förhoppningar, och utmärkt feedback så här långt. Den skulle innebära pengar och anställda som jag redan räknat in i kommande års budgetar.

Då jag öppnar e-posten darrar händerna så mycket att jag först raderar själva meddelandet. Intalar mig att beslutet redan fattats och tänker också på glädjen, för de här pengarna är jag ganska så säker på. Inser att vi inte köpt champagne men visst ska vi fira ändå. Och sedan: »Unfortunately we have to inform you ...«

Som ett slag i magen. Tänker att jag är evig tvåa, att det är osunt med så mycket beröm i den långa processens olika skeden och till sist: Nej. Du duger inte. Motiveringarna är vaga och irrelevanta. Det här är det andra bakslaget nu inom ett år och självförtroendet vacklar. Att snubbla så nära, med chans att vinna: Vad gjorde jag fel? Är det några som avskyr mig, oss? Att vi vill använda evolutionsteori inom sociologin? Eller är jag för gammal och för improduktiv?

Vaknar härefter varje morgon klockan 4 med ångest i märgen. Under dagarna fungerar jag, de är fina, jag förtränger, men innerst inne: Varifrån ska vi få 120 000 euro till mitt team till 2017? Det är det minsta vi behöver för att inte hela institutet ska läggas ned.

Samma kväll bryter ett osannolikt åskväder ut. Det blixtrar precis som i äventyrsfilmer, med elektriska urladdningar som sliter itu hela himlavalvet, tiotals i sekunden.

Ringer min chef nästa dag.

»Det jag skulle göra det här året, skaffa oss stor ny finansiering, har nu misslyckats«, säger jag och skäms.

»Det blev inte så här, men det blir något annat«, svarar hon. »Kanske du behöver alla blixtar.«

Jag är den enda jag någonsin stött på som öppet berömmer och beundrar sin chef, sådant gör man inte, det är snudd på oanständigt, ingen tror på mig och i bästa fall får jag medlidsamma leenden.

IX

JULI 2017

Hår

10 juli

Livet på landet. De bästa dagarna inleds med att vi tar en frukostkorg ned till bryggan och äter och tränar där (JP lyfter tyngder och har köpt en kettlebell till mig också, men jag är oftast dåsig och vill bara tänja i lugn och ro). Sedan lojt dricka mera kaffe med olika delar av den utvidgade familjen. Samma kläder varje dag, inget smink och inga speglar.

Som genom ett mirakel har de tre irakierna som min familj följt med fått jobb, bostad och beskyddarinna. De kom först från flyktingförläggningarna till ett nytt värdshus nära Tenala, där de kockade åt fyrtio mexikaner. (Det var året då globaliseringen nådde Raseborg, kommer framtida historiker att konstatera, händelseförloppet finns dokumenterat i *Tenalablade.*) Men nu är de tre utan jobb igen och väldigt oroliga. Min mamma skrev ett brev om deras situation till flera större gårdar i trakten och en nappade: min förra historielärare, numera jordbrukaren Anna-Lena Bengelsdorff har nu med själ och hjärta gått in för att få de tre irakiernas liv i ordning. Hon arrangerar yrkesstudier och språkstudier, samt byte av försvarsadvokat från inkompetent och lat till engagerad och insatt.

De unga männen hälsar på hos oss, spelar fotboll med barnen och lyssnar uppmärksamt till deras bekymmer. Sedan ber de om lov att få fotografera den halvmeterhöga citronbusken i en kruka. De kan knappt hålla sig för skratt. De växte upp med fält av citrusträd.

Inställer en tid hos frisörskan. Sparar pengar och tid och känner mig duktig. Ty detta är den enskilda fråga jag slösar mest tid på: hår, eller snarare hårfärg. Sedan mina egna första gråa hår, för kring fem år sedan, har jag för första gången börjat lägga märke till andras hårfärg. I metron och under föreläsningar skannar jag numera automatiskt in hårlinjer och hårstrånas lyster: färgar, färgar inte.

Hur kom det sig att alla världens kvinnor över fyrtio, i Finland antagligen alla kvinnor överlag, börjat färga håret? När spridde det sig? Det har blivit en accelererande upprustningsspiral i kvinnlig konkurrens. Då alla färgar är det den med egen färg som ter sig omodern och avvikande.

Större affärer har hyllmetervis med hårfärgningsmedel, har jag nu med den nyinvigdas förvåning insett, och de flesta ropar ut att de är utmärkta på att täcka grånande hår. Inget tvivel om vad kunderna är ute efter. Problemet är att jag inte vill ha gråa hår, men inte heller vill jag färga det. För mig har en central del av feminismen gällt kroppens naturlighet. Det personliga är politiskt och mens, bröstmjölk eller klimakteriet är en naturlig del av kvinnolivet, därmed inget att skämmas över. Borde inte den här trossatsen inbegripa håret?

Jag känner inte till den exakta orsaken till att håret grånar, och saknar lust att ta reda på det, men har tvingats lära mig allt mera om händelseförloppet det ingår i. Mängden testosteron och östrogen minskar, benstommen blir skörare och huden slappare. Samtliga tecken på att lust och kvinnlig fägring mattas av. Av dessa är att färga håret det snabbaste och billigaste knepet att dölja åldern.

På gatan sorterar jag: De som inte färgar håret och ser bra ut. De som inte färgar håret och ser 10 år äldre ut än de annars skulle göra, på avstånd åtminstone. De som färgar håret och ser bra ut, här finns två typer: de som färgar sofistikerat, med mjuka ränder eller bara något slags ovanligt välvårdat hår med dito smink, och så de sprittande galna, som har en egen personlig stil där färgat hår ingår och ser härligt ut, typ blått eller rosa, och japanska mangakläder. Jag skulle gärna höra till någondera av de här grupperna men lyckas varken bli välvårdad eller originell. Bland de roligt galna har unga med avsiktligt vitt eller gråvitt hår blivit vanligare, som ett mittfinger mot gummorna: vi väljer grått hår och ser bara sexigare ut för det.

Sista gruppen är alla som färgar och inte ser bra ut. Väldigt många finländska kvinnor, och några män, färgar håret starkt och hårt, orange, rödlila, rödbrunt, svart.

Det är klart att alla får besluta själva. Det är ändå lika uppenbart att ett outtalat grupptryck existerar och de flesta av oss tvingas leva under det. I en damtidning säger en vacker författare i min ålder: Jag färgar håret för min egen skull, det har inget att göra med att se attraktiv ut. Visst.

Som ung läste jag en bok om de första kvinnogrupperna på 1970-talet, vars medlemmar gick in för att tala öppet och ärligt med varandra. Det kallades att höja medvetandet, *consciousness raising*. En viss tysk metod gick ut på att välja ett tema för varje gruppmöte. Det kunde vara »jobb« eller »samlag« eller »väninnor«. Alla infallsvinklar och erfarenheter var välkomna och ingen fick trycka ned eller förringa andras inlägg. Den grupp som den här boken beskrev hade en gång temat »hår«. De flesta medlemmar hade tänkt diskutera huvudhår, men den första som talade beskrev till de andras överraskning sin livslånga ångest över kroppshår, som hon hade mycket av. Därmed kom sessionen att handla om varför kvinnor inte »får« vara håriga på armar och ben så att det syns. Just det kapitlet glider fram i minnet i olika sammanhang. Ofta har jag undrat vad de andra gruppmedlemmarna hade tänkt säga om sitt huvudhår.

Det är som om både kroppshår och grått hår på 2000-talet blivit ännu mera tabu än på 1970-talet. Under min ungdom var hår i armhålorna ännu helt ok om man var lite alternativ, jag kände ingen som trimmade håret mellan benen till en helt liten strimma. Sedan dess har bilder av sex och samlag blivit vanligare och kroppshåren utrotningshotade. Antagligen är det ett inflytande direkt från pornografin – med ett helt eller delvis rakat könsorgan syns penetrationen bättre – som hela den globala ungdomen anammat.

På en konferens förra året talade S. Craig Roberts, en evolutionspsykolog som utrett hormoners betydelse för val av partner, om en studie där män fick dofta på T-tröjor som kvinnor burit. Craig inledde med att säga att vuxna kvinnor i naturligt tillstånd har hårväxt förutom på huvudet också under armarna och mellan benen, vilket behövdes för experimentet, trots att han aldrig kunnat iaktta detta fenomen i levande livet. Publiken brast ut i skratt och jag insåg att det kan vara sant: en gift 50-årig brittisk man har kanske aldrig sett en kvinnas naturliga hårväxt. Mamma, hustru, döttrar, alla rakar sig.

Kanske i takt med att kroppshåren försvinner har också ögonbryn och hår börjat färgas. Inte heller om det hör jag någon bredare kritisk diskussion, fast den möjligen förs någonstans.

Då jag i våras började oroa mig över forskningsresultatet kring hormonspiralens samband med cancer, rapporterade samma forskning också ett visst samband mellan hårfärgning och ökad cancerrisk. Det väckte ännu mindre offentlig diskussion än hormonspiralens biverkningar.

När jag i tiden utgöt mig över hårdilemmat rådde väninnan L mig att gå till en dyr salong på Nylandsgatan. Där stod en frisörska som hade ett vackert brunt hår som såg alldeles okonstlat ut.

»Sådant som du skulle jag vilja ha«, sa jag försagt första gången vi möttes, »att det ser så naturligt och levande ut?«

»Det är min egen hårfärg«, svarade hon.

En frisörska som inte färgar håret: det imponerade. Så hos henne har jag gått och fått såpass omärkbar färgning som möjligt, det finns en mängd tekniska termer och kemiska ingredienser men det går i princip ut på att inte täcka det gråa helt. Att fuska så att fusket inte syns. Snyggt, dyrt och moraliskt tvivelaktigt.

Vem tar i dag upp de här synpunkterna kvinnor emellan, vem mildrar kampen och fostrar den kvinnliga solidariteten? Vem räknar hur mycket läkemedelsindustrin eller skönhetsindustrin förtjänar på raderna av färgningspaket i affärerna?

För det stör mig, att inte våga åldras så det syns. Att inte ens veta hur gråhårig jag är på riktigt. Precis som det stör mig att inte veta hur jag just nu skulle må utan hormonspiral. (Antagligen ännu sämre, vaknar fortfarande varje natt av jobbångest och försöker arbeta om dagarna trots att jag officiellt är på semester, med eländiga resultat för både jobb och vila.)

Har ändå här på landet känt mig starkare och vackrare tills nu, men det är över, ska välja kläder till en paneldiskussion i morgon – med temat varför det föds färre barn i Finland än i Sverige – hittar ingenting som skulle vara bekvämt och se sakligt ut.

11 juli

Är första gången på Finlandsarenan, ett sommarmöte för politiker, media och olika organisationer. Det har låtit intressant och jag var glad att bli inbjuden till panelen om fruktsamhet. Jag har läst på i flera dagar, det föds färre barn i Finland men också i Norge och på Island, medan Sverige verkar oberört. Så jag kollar med Sveriges statistikbyrå till vilken del invandringen höjer deras nativitet. (En ytterst blygsam del, visar det sig, endast kring en tjugondel av fruktsamhetstalet.) Professorskollegan som också rest i timtal till Björneborg har för sin del beräknat hur lokal arbetslöshet påverkar fruktsamheten på kommunal nivå. Familjeminister Annika Saarikko deltar också och är som vanligt rapp och insatt. I ett skede säger hon att regeringens sätt att försvåra flyktingarnas familjeåterförening har varit det svåraste beslutet att leva med.

Inget egentligt samtal blir dock av, eftersom den inhyrda kändisprogramledaren drar sin egen show. Ingen bakgrundskoll, inget avstämmande med oss experter. I stället går han in för att dominera och slänga ut åsikter, vilket förstås kanske är just det som eftersträvas när man bokar en kändis.

»Borde man inte tala om dem som bor ensamma«, inleder han. »Varför talas det alltid om familjer? Är det inte ett problem om man är journalist och bor ensam och är bosatt i innerstan och alla ens vänner bjuder på brunch men …«

Jag blir upprymd av debattens absurditet (uteblivna babysar handlar ju tvärtom i hög grad just om de unga vuxna som bor ensamma och inte har en partner att skaffa barn med), tar ordet många gånger, det slutar med att speakern inför tv-kamerorna tackar min organisation för att ha ordnat denna livliga panel, vilket vi alltså inte hade gjort.

Sedan äter vi jordgubbar och kaka i det historiska stadshuset, de delar ut fingerspinnare som jag grabbar massvis av så det ska räcka till kusingruppen därhemma på landet.

Lyckas ordna snabbaudiens med familjeministern för att berätta om Tristan Harris och Time well spent-rörelsen som jag hörde om förra månaden. Finland har bara ögon för digitaliseringens goda sidor, pitchar jag, skärmar ska finnas i varje skola men ingen talar om vad skärmtiden gör med familjerna, eller kan tänkas göra – bland annat eftersom just ingen ordentlig forskning finns.

Så här framfusig hade jag aldrig varit utan existenshotet mot vårt institut. Tydligen finns det en viss sanning i konsultsnacket om hur kriser föder möjligheter. Ministern lyssnar och kommenterar sakligt men verkar aningen förbryllad.

Vandrar efteråt runt i Björneborg på jakt efter de spännande samtalen i denna omtalade åsiktskarneval, helt tydligt har jag inte tillträde till dem, ser sterila stånd och sammanbitna människor i en ful och flack stad.

(Ack Avallon, med sin popup-session om arkitektur i en biosalong klockan halv två på natten. Ovanför biosalongen fanns gräsmattan i stjärnljus på vilken de som inte orkade lyssna dansade...)

22 juli

Löper med syskonen. Första året vi tränar så barnen kan vara med, vilket gått oväntat smidigt: vi springer kortare sträckor eller håller oss på tomten så de yngre som inte orkar längre kan ta sig hem själv. Men en lite varmare kväll löper vi den längre rundan och börjar tala om skärmanvändning. Hur galet mycket energi som går åt till att försöka ha koll på vad barnen gör, för att inte tala om egen användning. Borde telefonerna bannlysas från sovrummet? Vardagsrummet? Eller borde de stängas av efter en viss tid, som klockan sex?

Det är ju det här ni borde börja forska i, menar min syster, det är vad alla talar om just nu.

Eftersom vi har en olycksfallsförsäkring och JP insisterar går vi med den knäopererade Sylvia till en privat läkare. Han blir oroad eftersom knäet inte kan sträckas. Om det inte återställs inom två veckor kommer det aldrig någonsin i hela hennes liv att bli rakt, säger denna hyllade auktoritet på idrottsskador i knän. Så vi träffar en ny, privat fysioterapeut.

Jag kan inte avgöra ifall denna andra åsikt, från den privata kliniken, är bättre grundad än den från Barnkliniken, där de inte oroade sig alls över hur såret läktes. Men det skadar ju inte att försöka trots att det känns lite som ett förräderi. Den nya fysioterapeuten ger massor av olika övningar, rekommenderar mandelolja, dagliga plåster, mera övningar ...

Jag skäms över att inte noggrannare ha följt med Sylvias tillfrisknande, insisterat ännu mera på att öva upp musklerna igen. Och jag frågar mig hur många familjer som har en privat försäkring samt två vuxna med tid och ork att gå till privata läkare. Enbart mandeloljan är jättesvår att hitta: efter många och långa försök fick jag napp på en supermarket i södra Frankrike. Vilken olja som helst hade säkert gett samma resultat. Här finns ett inslag av förtvivlan och magiskt önsketänkande: Jag slarvar med de fysioterapeutiska övningarna, men jag går över sju motorvägar och letar genom sju mataffärer för att finna mandelolja!

Oljan står sedan länge så gott som oanvänd i köksskåpet. De genomskinliga geléplåstren som ska mjuka upp ärrvävnaden lossnar då barnet simmar eller förstörs av sandkornen på stranden. Knäet blir rakare men inte rakt.

3 augusti

Det kräver just ingen ansträngning att undvika telefoner och dagspolitik. Här på landet sover vi i en gammal ladugård vars tjocka murar utmanar all digital kontakt. Mobilerna kämpar för att nå ut och använder upp laddningen på nolltid. Tidningarna ska hämtas från postlådan tre kilometer bort och nappas först av ivrigare läsare. Det är bara om kvällarna vi ibland tillsammans skrattar åt världsnyheterna, alltså Trump, och som vanligt filtrerade genom de amerikanska late night-showerna. Sean Spicer avgår då »The Mooch« Scaramucci övertar hans post som talesman för Vita huset. Mooch inleder med skvallriga och svordomsfyllda samtal med journalister, för att själv avgå en vecka senare.

Min syster säger att hon blivit kär i Stephen Colbert: »Jag kan inte stå ut med att se Trump på nyheterna, det går inte. Men genom *The Late Show* blir det outhärdliga roligt.«

Tillsammans ser vi en kväll på Colberts samtal med Jane Fonda. Fonda var min ungdomsidol men vad har hänt, hon ser ut som en zombie. Trådsmal, en femtioåring i ansiktet efter all kirurgi och allt smink, men med en hopsjunken hållning som motsvarar hennes ålder, snart 80. Det är som om någon klistrat ihop hela henne av illa matchande delar. Googlar, Fonda medger åtminstone öppet att hon opererat sig. »Det gav mig tio år till av intressanta filmroller«, säger hon. Vad hände med hälsa, balans och mogna människorelationer, Fondas budskap från 70- och 80-talen? Vem ska åldras värdigt, om inte de rikaste och vackraste vågar?

X

AUGUSTI 2017

Få dig att le

10 augusti
I dag är det tio månader, fem sjättedelars år, sedan Trump valdes. Vaknar om natten: oro över egen arbetslöshet och allmänna misslyckanden blandas med bilden av Trump, som hotat Nordkorea med »fire and fury«, eld och raseri. *Hotat med kärnvapen*. Ytterligare en gräns för det otänkbara har överskridits.

Vännerna i Amherst har en konkret plan för hur de ska ta sig norrut och i vilken kanadensisk stad de ska mötas, ifall kriget börjar och mobilnätet kraschar medan familjens tre medlemmar är på olika håll. J, som tidigare vägrade lyssna på nyheter, följer nu med varje huvudsändning, för allt tyder på att kriget kan inledas vilken stund som helst.

Ögnar igenom nyheter och rubriker men håller mig borta från underhållningen.

Detta är inte en administration, det är en hemsökelse (»this is not an administration, this is an affliction»), skriver någon nyhetsredaktör.

Men mycket, mycket bättre än nyheterna är att måla hallväggen och lyssna på radiodrama, som nu, Stanisław Lems *Solaris* från BBC. Som barn såg jag filmtrailern till Andrej Tarkovskijs filmatisering av denna sci-fi-klassiker, det måste ha varit på den Helsingforsbiograf som specialiserade sig på sovjetiska filmer. Det var en av de första vuxenfilmerna jag hett ville se, för mystikens och sorgmodets skull. Hustruklonen som kastar sig igenom glasväggen och skriker. *Solaris* märkvärdiga skummande planet, vars molnartade formationer och odödliga avatarer ger människorna det de kanske vill ha, eller det de är mest rädda för, eller båda. Parallellerna till den nuvarande hemsökelsen är igen skrämmande tydliga.

Engelska gäster besöker oss över ett långt veckoslut. Förbannar först mina orealistiska bedömningar av hur mycket logistik och ordnande det kräver, men sedan når de tre familjerna Finland under sommarens vackraste veckoslut. Den första kvällen lockar jag mammorna med på sent nattdopp i månskenet. De tvekar länge. När jag insisterar och vi går genom fårhagen ned till viken är månen nästan molntäckt. Vattnet och luften är lika mörka och varma, kroppen känner knappt av övergången då den dyker i. För gästerna är det starkaste intrycket ändå att vi simmar nakna, *skinnydipping!* skrattar de upprymt efteråt i köket. En av dem har natursimning som hobby, hon kan crawla över viken som ett proffs, men hon har tydligen aldrig tidigare simmat naken.

Om dagarna leker barnen idylliskt och vi vandrar i skogarna och ror. Genom att både vuxna och unga är så oavbrutet betagna börjar jag se mitt eget fosterland med andra ögon. Tystnaden, renheten, avsaknaden av skräp. Morgondopp (och nattdopp), bärplockning, pirogbakning.

Efter att vi gått i skogen säger en av dem, en lärare, i förbifarten att det finländska liv jag beskrivit förstås bara gäller medelklassen. Det här med att njuta av avskildheten, plocka bär och svamp, gå för sig själv i skogen. Jag måste upprepade gånger svära heligt på att det kännetecknar absolut hela folket. Snarare så att ju mindre medelklass, desto starkare anknytning till skog, tystnad och land.

Den sista middagen äter vi ute, en sällsynthet den här kyliga sommaren. Ett barn har plockat blommor som jag ställt i en liten tekopp på bordet. Koppen har ett guldemblem med anledning av Elizabeths jubileum efter 60 år som drottning. Britterna blir väldigt förvånade, till och med upprörda, varför en rojalistisk symbol här i Tenala?

Det är den första diskussionen om politik under hela veckoslutet och den blir häftig. »Vad händer med vårt land, vi kan inte känna igen oss längre, inte förstå vad förbipasserande på gatan tänker!«

Jag påminner dem om att vi träffades just före valet om EU-medlemskapet och hur de då framför allt engagerade sig för BBC:s radiosåpa *The Archers*, som hade en ovanligt dramatisk vändning gällande en man som misshandlade sin hustru. Den våren hade jag planerat att skriva en kolumn om Brexit, men eftersom ingen jag träffade orkade tala om omröstningen skrev jag i stället om *The Archers*.

Det är sant, stönar de, men vi hade ju ingen aning ...

12 augusti

Nynazisternas marsch i Charlottesville, USA, utvecklas till en bisarr mediegrej. Trump menar att det finns goda människor på »båda sidorna«, trots att den ena sidan bestod av nynazister och den andra av anti-nazister. Någon av nynazisterna körde in med bil i anti-nazisternas skara och dödade en kvinna. Också efter att han sagt detta stöder 30 procent av befolkningen honom. Denna knappa tredjedel utgör en majoritet av republikanerna.

Jag inser nu (inser igen, för hur mångte gången?) att en auktoritär ledare tagit makten. Det gör mig inte längre så upprörd, men jag försöker memorera fakta. Det som aldrig kunde hända är här nu. Lev med det.

En kommentator drar paralleller till Caligula, den romerska kejsaren som först var väldigt populär men som sedan flippade ut i narcissistiska och grymma upptåg. Han såg sig oövervinnerlig, som en gud. Ändå överlevde Roms institutioner den maktfullkomlige kejsaren.

13 augusti

På veckoslutet ringer Stella från ett festivaltält till oss på landet: »Ring grannen, genast! Våra träd har fallit på deras hus!« Stormen Kiira blev en äkta virvelstorm just där vi bor, i Kottby. Grannen hade gått till fönstret då blåsten dånade och träden rev ned varandra. En grangrensprojektil hade skjutit in genom fönsterrutan intill den han stod vid och missat hans öga med några centimeter. Två stora granar och en björk upprivna med rötterna på bakgården, inget syns egentligen på bilderna vi först ser, de visar ett enda grönt virrvarr av grenverk inflätade i varandra.

14 augusti

Min arbetsplats finns i ett fint jugendhus i tegel i Helsingfors centrum. Då jag först anställdes där lovade jag mig själv att aldrig sluta förundras över det jugendvalv i rödtegel som leder till innergården, runt vilken bland annat forskarnas rum är belägna. Det löftet håller inte alla morgnar, men i går när jag går genom portvalvet ser jag en kollega stå blickstilla med handen höjd för att stanna min framfart. En fjäril! säger hon andäktigt. Vi håller oss tysta tills den blå fjärilen lyfter.

Fjärilen flög hit efter ett utdraget, byråkratiskt maraton. Samma dag jag anställdes hade arkitekterna inrett den soliga, skyddade innergården med en hagtornshäck i en grå betongbunke. Finsk gårdsplanering utgår ju som känt från att varje levande organism är ett nödvändigt ont. Här kunde magnolia och syren trivas, säger jag försiktigt till min dåvarande chef som inte precis nappade på tanken. Sex år och en ny chef senare finns det större stöd för skönhet på innergården. En intern trädgårdskommitté, en budget, ett långt letande efter en trädgårdsentreprenör som kan, vill och inte är utbränd, och så diskussionerna med dem som behöver innergården som parkeringsplats.

Någon jurist har hört att Helsingfors stad förbjudit parkering på gårdarna, men ifall det stämmer är det något de flesta struntar blankt i. Så nu har vi på prov färre bilplatser och blommande perenner i betongbunken i stället för tagghäcken. Kring uteborden står stora krukor som översvämmas av lysande höstblommor. Det är dem fjärilen hittat.

Varför insisterade jag inte och genomdrev det här redan för tio år sedan? Men jag trodde att jag mest handlade i eget intresse: mitt fönster är ett av de tolv med direkt utsikt mot blomsterprakten. Gravt underskattade jag växternas betydelse för den sociala dynamiken på jobbet.

Nu ser jag från skrivbordet hur människor stannar upp och börjar tala med varandra kring krukorna. I spontana tack-mejl berättar kolleger hur överraskade de blivit, »planteringarna fick mig att le«. När hyresgästerna från ett ekologiskt bolag öppnar ölburkar en tidig kväll sällar vi oss till dem och snabbt har vi utvecklat en idé om samarbete. Världens minsta förändring och hela husets dynamik har förändrats! En källa till glädje och samvaro som jag, som kallar mig beteendevetare och färdigt är trädgårdsfrälst, inte kunde förutse.

Har den här förändringen, den jag gjort under hela året, på riktigt ens aningen förbättrat livet för någon medmänniska? Så enkelt, självfallet, att blåsa liv i en minsta gemensam social nämnare.

19 augusti

Är på Åland hos systerns familj. Här är också några utländska vänner och en hel del musikkännare från Finland och Sverige, för det är premiär för Mozarts Figaro, med ett libretto anpassat till Mariehamn för hundra år sedan. Laura Ruohonen som skrivit librettot och regisserat menar att det här är det mest givande sättet att fira ett sekel av självständighet på: i periferin, gränszonen, bland en minoritets minoritet. Självständigheten i hennes *Figaro 1917* gäller Åland, Finland, Ryssland och Sverige, men också självständigheten inom äktenskap och vänskap.

Dagen efter premiären cyklar vi till en klippa med jordgubbar och bubbel och älskar livet.

Först i färjan på väg hemåt läser jag om terrordådet i Åbo. En man har knivhuggit kvinnor och flera har dött.

23 augusti

Det känns som att ha kommit runt ett hörn. Ingen oro, större självsäkerhet. Jag bryr mig faktiskt inte om hur jag ser ut (och om jag gör det, gör ändå ingen annan det).

Det är yngsta dotterns tur att oroa sig: hennes hår är för buckligt, eller för rakt. Ögonbrynen är för ljusa. Får hon färga dem?! Snälla mamma!?

Jag glider ur människohonans fertila ålder, hon klättrar med förtjusning in i den.

1 september

En kollega dör i cancer. Själv kände jag henne inte närmare. Min arbetsplats gör det rätta, en lugn halvtimme med tyst minut och minnesbilder. Alla talar om hur hon arbetade in i det sista. Det hon önskade var att leva ett vanligt liv så länge det gick. Vi minns under sammankomsten hur hon aldrig gav upp, talade om att komma tillbaka.

Någonstans är ett sådant avsked till livet ytterst finskt: att det man gör inför en dödsdom är att stoiskt uthärda. Och lönearbeta.

Journalisten Ilkka Malmberg dog nyligen i samma sorts cancer. Han skrev på en bok om Finland 1917 så länge han kunde, den hann bli nästan färdig och kommer antagligen att publiceras. En annan kollegas man avlider i samma sjukdom, en tredje kollegas man undersöks nu. Kan det vara en slump? Eller är det för att så få andra dödliga sjukdomar finns kvar?

Besöker London för att opponera en doktorsavhandling. Min akademiska värd är den osannolikt driftiga Ruth Mace, en pionjär och numera professor i evolutionär antropologi. Hon var en av de första i Europa som började studera människor med biologiska metoder och teorier, bytte från ornitologi till etnologi. De senaste åren har hon lämnat sin engelska topposition för att leva flera år i Kina, och det inte ens i Beijing utan i någon avkrok, det vill säga en miljonstad jag aldrig hört talas om och inte heller denna gång lyckas lära mig namnet på. Där finns folkgrupper som fortfarande lever matrilineärt, så att släktskapet räknas i kvinnoled, och Ruths forskargrupp dokumenterar deras livsstil innan den utplånas av modernisering och kinesisk assimilationspolitik.

Avhandlingen handlar om en annan fascinerande folkgrupp, ett område i Tibet som är ytterst patriarkalt och har en extrem könskonflikt. Männen har all social makt trots att de inte längre bidrar till hushållet. Traditionellt skötte männen boskapen medan kvinnorna hade ansvaret för åkrarna, barnen och hemmet. Nu har samfundet upphört med boskap. Följden är att kvinnorna arbetar dygnet runt på åkrarna och hemma alltmedan männen sover och spelar, med de pengar som kvinnorna förtjänat.

På kvällen tar Ruth oss till en tapasbar i Bloomsbury. Vi är i hjärtat av de kvarter som känns som mitt eget London. Restaurangen är en före detta sunkig pub som uppgraderat utbudet och priserna. Runt omkring finns

British Museum och University College London varvat med små parker, springbrunnar, bokhandlar, kaféer. Här finns människor som har olika hudfärg och ålder men ändå ser väldigt likadana ut och rör sig i samma takt, förenade av samma omisskänneliga Bloomsburyhabitus.

Ruth ondgör sig över att Londonborna marscherade mot Trump då han besökte metropolen. »Vad tänker de på! Trump sitter fyra år och sedan försvinner han, Brexit ska vi leva med i minst tre generationers tid!«

Min medopponent, en amerikansk forskare bosatt i Frankrike, håller med henne. De ser Trump som en övergående pajas, inte världsslutet. Ruth är också tillfreds med Trumps hårda tag mot Nordkorea. »Hur kan världen tolerera att det finns ett land som utgör koncentrationsläger för 26 miljoner människor!«

Jag har på allvar tänkt mig möjligheten av ett kärnvapenkrig den här hösten men mina kolleger är inte oroade. Det är ändå generalerna som styr utrikespolitiken, anser de båda. Gällande inrikespolitiken är presidenten förlamad och kommer inte att få något farligt till stånd.

Ruth beskriver sedan avsaknaden av moral hos vår nya världsmakt, Kina. Det enda rättesnöret i Kina är att bli rik, rikare, och ännu rikare. Riva allt gammalt, uppföra nytt i stor hast. Fast kineserna har börjat ta miljöproblemen på allvar. »Om ledarna vill«, säger hon, »kan de göra en hel stad ekologisk på nolltid. De blir åtlydda.«

Det är uppfriskande med andra åsikter än de jag normalt hör. Så ofta numera tycker jag att vi, och jag själv, säger det samma. Jag irriteras på hur »idioterna« upprepar sina argument, vare sig det gäller immigration, abort, eller *fake news*. Men »vi« upprepar oss minst lika mycket. Det är som om båda lägren drevs av en reflexmässig, känslobaserad och framför allt så smal repertoar av emotionella reaktioner och intellektuella argument.

Liksom hemma i Finland förra veckan, när socialdemokraternas partiledare Antti Rinne kommenterade den rekordlåga nativiteten. Förhandsuppgifterna för detta år visar att trenden nedåt fortsätter. Finland närmar sig 1,5 barn i genomsnitt per kvinna och det lägsta födelsetalet någonsin. Det föds dessutom både få barn per kvinna och få barn överlag, eftersom åldersklasserna är små. Rinne föreslog förlossningstalkon.

Plötsligt blev jag nedringd av journalister. Vill jag kommentera uppståndelsen på social media? Jag visste inte vad de avsåg till en början. I och med vår finansieringskris och jobbtsunami har jag nämligen försatt oss i medie-embargo. För första gången säger vi nej till intervjuer, till och med från seriösa instanser. (Det är intressant hur sura de blir. Media älskar mitt lilla forskningsinstitut men ger oss förstås inga pengar, inte ens då vi samlar statistik till dem under flera arbetsdagar. Inte får vi heller några akademiska poäng för de hundratals medieintervjuer vårt lilla team ger årligen.)

Använder sedan en dyrbar timme jobbtid till att kolla »uppståndelsen« på Twitter. Den verkar vara en trehundraprocentigt ytlig, identitetspolitisk storm i ett vattenglas. Flera har blivit sårade av ordvalet. En anser att en äldre man inte får uttala sig, en annan invänder att förlossningstalko är heteronormativt.

Hur kan det vara heteronormativt att *föda*? I Finland finns det flera sätt på vilka en kvinna kan bli gravid utan heterosexuellt samlag. Lesbiska föräldrar håller på att bli en alldeles vanlig familjeform. Det stämmer visserligen att män har svårt att bli föräldrar om de inte har en kvinnlig medförälder, men det gäller heterosexuella män lika mycket som sexuella minoriteter. Hur ska vi få barn i framtiden, om förlossningar görs politiskt suspekta?

Ur min synvinkel är Rinnes ordval inte alls farligt, talko syftar ju inte på tvångsarbete utan på frivillig uppslutning. En hel generation verkar nu vandra rakt in i oönskad barnlöshet eller svåra och dyra infertilitetsbehandlingar eftersom de senarelägger föräldraskapet alltför länge. Men att tala om det är »sårande«.

Det går som känt att vara så öppen att hjärnan trillar ut. Det går att diskutera ett oväntat och svårtolkat fenomen med de enklaste av ogenomtänkta argument.

XI

SEPTEMBER 2017

Storm

10 september
Kina tänker förbjuda bensinmotorer i bilar.

Det är en lugn söndag, jag borde jobba och skriva ansökningar men sorterar gamla pussel i stället. På kvällen går vi hela familjen till Åggelbys nya trendpizzeria. Orsaken är att Stella ska flytta ut, och långt, till London. Första året är det meningen att hon ska bo mitt i Bloomsbury, i de kvarter jag älskar mest, mittemot puben jag just besökte med kollegerna. Jag får se till att inte börja leva alltför starkt genom henne ...

Trump avbryter DACA, programmet som gett barnen till olagliga immigranter rätt att stanna i USA. Sedan drar han tillbaka sitt beslut att avbryta det, eller så inte. Jag har här en viss förståelse för republikanernas argument. Inte gällande de så kallade drömmar-barnen som redan vuxit upp i landet, men nog gällande gråzonen med illegala immigranter som har underbetalda jobb. Detta vågar jag nätt och jämnt skriva.

Men i övrigt är känslan inför Trump avmattad och resignerad. Hellre blundar jag och gör något bättre av mina dagar. Är det inte frihet att glömma tyrannens namn, som den ryska poeten Joseph Brodsky sagt?

Samma uppgivenhet märks bland de amerikanska kommentatorerna, de som har tyrannen i sitt eget land. Ingen orkar med Vita husets nya rekord i fiaskon och pinsamheter. Journalisterna är som alltid på bettet, jag upphör inte att beundra deras professionalitet, men talkshowernas skämt upprepar sig.

Ilskan är också öppnare. För mindre än ett år sedan diskuterade *New York Times* om det var motiverat att kalla Trump för en lögnare. Var ordet »lögn« för krasst och ställningstagande, vore »osanning« en lämpligare term? Nu är ordvalet tveklöst: galenpanna, förrädare, lögnare, idiot. Ett nyhetsinslag redde ut frågan om utrikesminister Rex Tillerson kallat Trump för »idiot« (»moron«) eller inte. Det visade sig att han antagligen inte sagt »moron« utan »fucking moron«.

Har därför tänkt mindre på Trump och immigranternas osäkra ställning i USA än på orkanernas framfart. Det stormar inte bara i världspolitiken, utan också i naturen. Vi har själva en obrukbar bakgård efter Kiira-stormen i augusti, Helsingfors värsta storm i mannaminne. Grenarna är bortförda och kvar är en lerig sörja som det ihållande regnet förvärrar. Vi försöker bevisa för försäkringsbolaget att vi inte brukade ha en bäck vid kökstrappan, utan en gräsmatta.

I USA är det just nu oändligt mycket värre, *hurricanes from hell*: så här många och farliga stormar har landets östkust aldrig upplevt. Kring hundra döda i Texas, men de största skadorna orsakas av översvämningar. De i sin tur orsakas inte bara av skyfallen, utan av att vattnet inte rinner undan eftersom allt asfalterats. *Development addiction*, som amerikanerna själva säger. De kan inte sluta bygga.

Under veckoslutet följde vi med stormen Irma. Nyhetsflödet har osunda inslag av spänning, men också oro – främst för dem jag känner, som mina gudföräldrar i den luxuösa pensionärsbosättningen, fast den befinner sig på tryggt avstånd från Irmas ödeläggelse. En oempatisk del av mig tänker att Floridaborna får vad de förtjänar då de ersatt en demokratisk guvernör, som började förbereda staten på dylika stormar och översvämningar, med en klimatförändringsförnekande republikan. Ingen människa som kan läsa saknar förutsättningar att ta ställning till klimatförändringen. Det räcker till och med att kunna lyssna. Men ärkekonservativa Newt Gingrich går på om hur de falska och liberala meteorologerna hittar på hela Irma för att övertyga människor om klimatförändringen (!). Fast sedan sticker hans radiostation själv från Florida undan Irma, »av juridiska orsaker«.

Mitt i detta kommer nyheten om Kinas trafikbeslut. Det är i Kina en tredjedel av alla världens bilar säljs, vilket innebär att landet i praktiken kan diktera hela branschens utveckling. Det sägs att de har goda affärsekonomiska orsaker att byta till elbilar. Tänker att jag måste läsa *The Economists* temanummer om bensinmotorer med större omsorg. Kring en sjundedel av världens växthusgaser kommer från transport, menar en färsk uppdatering gjord av – ironiskt nog – Förenta staternas miljöförvaltning.

Ser plötsligt det här året som en ekologisk vändpunkt. Om Kina förbjuder bensinmotorer blir kanske USA:s bortfall från Parisavtalet en liten detalj i historien, utan praktisk betydelse. Det avtalet är ju ändå för mjäkigt och för sävligt. Minns vad Ruth sa på tapasbaren i London: »Vill de, så kan de i Kina.« Kanske smogen i Beijing fått dem att tänka om. Där kan barn inte vistas utomhus utan ansiktsmask, berättas det.

I samma veva inser jag att också min och familjens vardag genomgått betydande mikroförändringar just under 2017.

Det var i vintras som min syster, som bor på Åland, bad mig skaffa henne en ny produkt från Stockmann. Men gå dit i tid, förmanade hon, före klockan tolv! Utan att förstå varför det var så noga med tiden gick jag till varuhusets delikatessavdelning och frågade efter produkten med konstigt namn. Försäljaren vinkade matt mot en skock kvinnor kring en enorm avskild disk, »det kanske finns något enstaka paket kvar«. På disken stod det: »Högst ett paket per kund.« Jag tog två och lyckades beveka kassan med att berätta hur min systers familj inte har någon chans att köpa baljhavre på Åland.

Nu några månader senare säljs baljhavre i tillräckliga mängder i varje butik. Vår familj äter antagligen hälften mindre rött kött än förra året. (Fast det beror också på att ett stycke ständigt hungrig yngling flyttat ut.)

Beteendeforskarna har länge beklagat hur svår klimatförändringen är att greppa. Det är som vore den specialdesignad för att framkalla apati. Klimatet förändras i en diffus framtid, att hindra förändringen kräver många och svåra åtgärder, vars effekter inte syns omedelbart i vardagen. Klimatförändringen drabbar avlägsna och fattiga människor först.

Men nu drabbas ju också de rika i västländerna av bisarrt väder?

Det var länge som jag inte ville låta fakta ändra på hur just jag åt. Jag hörde av vänner och barn om köttproduktionens skadliga inverkan, om hur kossornas pruttande är ungefär lika skadligt för planeten som bilismen. Men jag invände att jag tycker om kor, som djur alltså, tycker om landskap med kohagar och skällor, tycker om mjölk, och yoghurt, fil, grädde, glass ... Havremjölkens aggressiva reklamkampanj med »WOW no COW« och pratiga hipsterförpackningar irriterade. Dessutom älskar jag rött kött.

Så jag fördömde indignerat dem som kör bil till innerstan (tänker de inte på orkanerna?!) men tillagade obekymrat tacos med nötkött.

Vad har förändrats? Många små knuffar, »nudges«, i rätt riktning. Stella som uppmanar mig att dricka havremjölk tills jag vant mig vid den mandelsöta smaken. JP som är snabb att anamma modetrender och numera envisas med att handla och tillaga baljbönor, som också är billigare än kött.

En annan vardaglig förändring är Cykelbanan i Helsingfors, med det nya tillägget Pohjoisbaana, som gör att vi från Kottby snart kan cykla till centrum i sju kilometer på en oavbruten och mestadels platt bana.

Även den här varma, disiga höstdagen kändes det oöverkomligt klaustrofobiskt att ta närtåget. Medan jag glider fram på Banan och alla snabbisar med sina proffsiga cyklar och hjälmar susar förbi ser jag emellanåt en skymt av de stillastående bilköerna vid Backasgatan på väg mot centrum.

11 september

Nyheten om elmotorerna i Kina, som jag upplevde som så omvälvande, når inte första sidan på någon finländsk dagstidning. Undrar om jag fått allt om bakfoten. Läser annanstans att Kina tillverkar elmotorer med kolkraftverk, så att det i sista hand kan vara värre med en kinesisk elbil än en västerländsk bil med en energisnål bensinmotor. Pinsamt hur lätt jag entusiasmeras och tror att allt ordnar sig.

15 september

Alldeles oväntad e-post från familjeministern. Hon vill återknyta till vår diskussion på sommaren, om sociala medier och familjerelationer. Väl använd tid, det här borde utredas, hon skulle gärna skriva en blogg om temat?

Tänker att jag aldrig någonsin skulle ha behärskat det här temat om jag inte hört Tristan Harris tal i Avallon i juni. Hur jag inte börjat läsa på om jag inte fysiskt känt av hans akuta oro, en ängslan och övertygelse som i sin tur fann genklang i min egen olust över sociala medier i vardagen.

18 september

Familjebekanta från Moskva besöker landet över veckoslutet. De har knappt stigit ur bilen innan de dragit ett par Putinvitsar:

»Spågumman säger till Putin att denna sommar blir hans sista som president. Putin meddelar landet att hädanefter blir det inga fler somrar.«

»Putin fångar en önskefisk.

'Släpp mig, jag kan inte leva på land', ber fisken.

Putin slänger fisken tillbaka i sjön. Fisken sprattlar lyckligt:

'Tack! Hur blir det med de tre önskningarna?'

'Aj jo', säger Putin. 'Dem glömde jag helt. Men låt gå. Du får nu önska dig vad som helst!'«

Som alltid blomstrar den ryska litteraturen och anekdoterna i takt med härskarnas maktfullkomlighet. Vi blir ändå överraskade av den ström av regimkritik som gästerna nu uttrycker. Aldrig har de gillat Putin, men för bara några år sedan betonade de att ingen som inte är bosatt i Moskva kan förstå Ryssland. De undvek diskussionen om vem som sköt ned det holländska passagerarplanet, eftersom »sanningen ändå aldrig går att få reda på och alla ljuger«. När de besökte oss hösten 2014 hade de med sig en flaska mousserande vin från Krim. Glatt föreslog de att vi skulle öppna den tillsammans. Enligt dem hörde ju Krim faktiskt till Ryssland, eftersom så många litterära storverk författats på ryska just där.

Min pappa, vars far stupade då ryssarna ville erövra Finland, kunde inte se på skumvinsflaskan, det var för obehagligt för honom. Han invände att Finlands kulturliv också blomstrade i Karelen. Vore det en bra orsak att invadera där nu, i strid mot internationellt överenskomna gränser?

Den parallellen gick inte hem. Krimskumpan står fortfarande oöppnad i källaren. Men nu, tre år senare, talar dessa Moskvabor plötsligt om Putins styre i exakt samma termer som vår familj gör. De har förståelse för de ryssar som emigrerar, de drömmer själva om den italienska landsbygden.

Eftersom vi känner varandra sedan länge kan jag fråga rakt på sak vad som förändrats, varför de nu börjat låta som västmedia. De kan inte genast svara, verkar inte uppfatta kursomvändningen lika tydligt som jag gör. Men de berättar hur västvärldens ekonomiska sanktioner på grund av Krimkrisen nu drabbat också deras eget företag i konstbranschen. Dessutom hade en viktig arbetsgivare, en högt uppsatt 43-årig statlig funktionär och familjefar, råkat i onåd. Han hittades i juni i sitt eget vardagsrum med en kula i skallen.

29 september

Min närmaste kollega lämnar oss. Det är ett väntat och gott steg för henne. Om nätterna undrar jag om hon hade gått också utan vår nuvarande finansieringssvacka. Intalar mig att så är fallet. Att byta arbetsplats, en naturlig förändring vars tjusning jag kan förstå och bejaka. Nya rutiner, nya ansikten, nya lunchställen, nya e-post-kodord, nya fåniga rapporteringssätt, nya hjälpsamma kolleger.

I och med den här vändningen behöver jag själv inte heller permitteras i början av året. Känns nästan snopet, just som allt var förberett. Har räknat karantänsdagar och talat med banken om hur det går med bostadslånet. Har bett om livsstilsråd av frilansande Lena. Hon påminde om hur Sini Lappalainen i tiden bevisat att det som är dyrt är lönearbete. Den som jobbar behöver hela kläder, resekort, dyra luncher, det finns inte tid att leva sparsamt. Sini menade dessutom att heltidsjobb är så stressigt att man måste ha en älskare, fast det är sådant man ju bara inte *säger*, skrattar Lena.

Hade planerat att fylla sjoken av fri, oavbruten tid med livets mening: bo med dottern i Bloomsbury, måla köksgolv, ordna foton av barnen medan de ännu var barn...

30 september
En familjevän fyller 70 och firar med de närmaste bekanta och familjen. När jag var barn talade mamma om hur president Kekkonen föddes i fattiga norra Finland och ändå kunde bli landets ledare, om hur en sådan social rörlighet hade blivit möjlig just i Finland efter krigen. Den här familjevännen är också från Lappland och blev vd för ett stort företag i huvudstaden. I dag lever hustrun och han vid havsstranden i Helsingfors. Han berättar ofta om sin barndom, hur han skidade tiotals kilometer till skolan och från barnsben hjälpte till med djuren i ottan.

Sommaren då vår värd var 16 år gammal hade han hittat på att plocka bär på en avlägsen holme som sommarjobb. Lillebror ville följa med och pappa skjutsade dem. Första natten insåg barnen att holmen förutom två pojkar och mängder av bär hyste en björn, som nyfiket snusat på deras månadsranson med mat. Båten skulle avhämta dem om fyra veckor. Så de turades om att vaka vid elden under nätterna.

Festföremålets dotter är nu i 40-årsåldern. Där pappan flyttade från Lappland till Helsingfors har hon tagit steget från Helsingfors till Bryssel. Hennes man är uppvuxen i USA, har jobbat i flera andra länder, och säger att han framför allt känner sig som en europé. I Bryssel bor paret intill en park, i en känd stadsdel där flera EU-anställda bosatt sig. I parken växer vild vitlök. Då dottern ibland serverat av den vitlöken i salladen förfäras grannarna: det är ju *natur*. Ett suddigt begrepp, *natur*, något att undvika då man joggar på grusbanorna.

Juristsystern ringer från en arbetsresa, också hon nu i Bryssel. Hon hade sett fram emot ett seminarium om Brexits konsekvenser för lagstiftningen. Andra nordiska, franska och tyska jurister har också anmält sig, alla har i över ett års tid sysslat med Brexit på heltid. Nya avdelningar har inrättats och tjänster har tillsatts. Systern, som väntat sig en rejäl dos lärdomar, tips och stöd för sin egen krävande arbetssituation, klagar över att det blev tvärtom. Seminariets föreläsare var inbjudna från London, Oxford och Cambridge. De hade själva givetvis alla varit emot utträdet och är djupt förvirrade och ängsliga över sin egen regerings outgrundliga planer. I stället för informativa powerpoints hade de stått hjälplösa vid talarstolen med tårar i ögonen. »Vad ska vi göra, vad pågår egentligen, vem kan reda ut det här?«

Min syster säger att Brexit är som en skilsmässa. Storbritannien vill ut ur ett långt och delvis olyckligt äktenskap. Det kan kännas bra och rätt att ta det steget, men det har sitt pris: en mindre våning, lägre inkomster, osäkerhet om det går att hitta en ny partner.

XII

OKTOBER 2017
Gå och dö

10 oktober
Vi drunknar i deadliner. Det gäller att förklara varför nativiteten sjunker så drastiskt och jag saknar tid för skeenden utanför forskningsrapporten. Framför allt saknar jag tid för att känna något. Undviker Trump och alla som lever av honom. Just ingen orkar längre tala om honom, »ja, det tar aldrig slut«, och så himlar vi med ögonen och suckar djupt.

Hade smått road följt med Harvey Weinstein-skandalen som *New York Times* skrev om. Lite konstigt att en showbusinessmogul bjuder in unga kvinnor till massage, men det lät som om det stannade där. Pinsamt och missbruk av makt, men inga direkta våldtäkter, tydligen, säger jag till JP på morgonen. Kolla *The New Yorker*, svarar han. Läser reportaget om våldtäkter, manipulation, hot. En nedlagd polisundersökning hade tillgång till ett bandat samtal under vilket Weinstein insisterar på att en skrämd

20-åring ska följa med in på hotellrummet. Bandningen finns upplagd på tidskriftens hemsida på nätet och säger mer än tusen anklagelser.

»Bara fem minuter. Tänk på vem jag är. Skäm inte ut mig här på hotellet, jag är stamgäst här.«

»Varför tog du mig på brösten i går, det tyckte jag inte om.«

»Förlåt, jag är van vid det.«

»Är du van vid det?!?«

»Var inte fånig. Bara fem minuter. Följ med mig. Skäm inte ut mig.«

Sekreteraren säger sig en gång ha hört Weinstein viska, efter ett av de återkommande raseriutbrotten, »jag har gjort sådant ingen känner till«. Hon hade tyckt det lät så obehagligt att hon antecknade det på telefonen.

Nu faller han med komethastighet. Positioner, företag, anseende, hustrun, barnen försvinner ur hans liv. Dock uppstod en konstig stiltje efter de första reportagen. Mediedrevet drog plötsligt andan innan det egentligen kommit igång. Jag som aldrig hört talas om Weinstein förut lär mig hur central han varit inom amerikansk film. Weinstein, Miramax, demokraterna och Hollywood har varit ett glamoröst och framgångsrikt »vi«. Konservativa röster anklagar i dag vänsterliberalerna för hyckleri, varför går ni inte åt Weinstein så som ni gått åt tafsande män på Fox News? De verkar ha ganska så rätt.

Skådespelerskan Rose McGowan hör till dem som öppet anklagat Weinstein för trakasserier. Hon kritiserar nu på Twitter de största kvinnliga Hollywoodstjärnorna för deras tystnad. Först efter några dagars avvaktande uttalade sig stora namn som Meryl Streep. Men just när jag ska gilla och följa McGowan ser jag noggrannare på vad hon tidigare twittrat. En man hade skrivit att Weinstein nu endast anklagats, men har rätt att försvara sig. McGowan går till full attack: att säga så är att vara en chauvinist. »Vi behöver dig inte, gå tillbaka till 1950-talet.« »Sitt där och runka framför Fox News.« »Din fitta.«

Jag följer henne inte.

Minns hur Taleb i sin essä tyckte att intellektuella är idioter som inte vågar svära på Twitter. Minns hur moster sa att man ska vara snäll. Moster har rätt.

Att färga eller inte färga, frågar jag ännu en gång min frisörska, hon som själv inte färgar håret. Hon lyssnar på mitt dilemma om att åldras så det syns eller täcka det, men hon menar att det ju beror på. Helvitt silvrigt hår kan vara otroligt snyggt, säger hon, men (här tittar hon på mig i spegeln) när tidigare brunt hår blir landsvägsmurrigt är det kanske inte idealiskt. Hmm.

De flesta jag frågar tycker inte att det är något att hänga upp sig på. Gör som du vill! Var-den-du-vill-vara-feminismen, som då skådespelerskan Nicole Kidman, lite äldre än jag, gläder sig över att kunna välja hur hon ser ut:

glamorös diva på den röda mattan eller hemlös gråhårig äldre kvinna, i en filmroll nyligen. Det är ändå inte särskilt ofta hon verkar välja att ha grått hår.

Tänker att de starkaste kvinnorna klarar av det. De signalerar öppet – grått hår! – men är intressanta ändå. Internationella valutafondens Lagarde. Hollywoodstjärnan Jamie Lee Curtis, min favorit, hur vacker som helst.

Så slutar färga håret. Tar som mjuklandning en tonande organisk behandling som svärtar landsvägsmurret.

Efter allt velande och tvångsmässigt iakttagande av andra är jag plötsligt du med beslutet. Ångrar endast hur mycket oro och pengar jag slösat de senaste åren.

Inte är jag heller så ensam som det känts om de här funderingarna. När jag googlar Jamie Lee Curtis för att se hur gammal hon är hittar jag en länk om den naturliga looken. Att se naturlig ut är på väg tillbaka då allt fler kändisar överger botox och åldras med värdighet.

17 oktober

Den finansieringsform som orsakade min egen jobbkris tar plötsligt kontakt. Vill jag söka ännu mera pengar än det tilltänkta, men för att popularisera forskning? Jag sänder iväg ännu en ansökan. Inget är förstås klart, och som bränt barn aktar jag mig för att njuta av en tänkt annan framtid. (Men hur kan man ansöka och inte inbilla sig hur det vore? Som att gå på träff men inte ens kunna tänka sig ett förhållande?) Dock en märkvärdig, förrädisk känsla av att det är vår, inte höst. Till skillnad från när krisen slår till och tar andan ur en, gör en förödmjukad, underkänd, tillplattad.

River gamla tapeter i hallen och lyssnar på BBC:s *Hardtalk* med Jane Fonda, samma Fonda som frustrerade mig i somras genom att se ut som en förvriden plastdocka. Men som röst och intellekt på radion, utan att frisörens och kirurgens arbete syns, är hon strålande. Fonda beskriver succén med tv-serien om två gamla kvinnor. I ett avsnitt planerade de vibratorer för äldre, förklarar hon. Knapparna måste vara tillräckligt lätta att använda med artroskrökta fingrar. Effektskalan ska gå att se med dåliga ögon fast det är mörkt, så en liten lampa behövs.

Intervjuaren Sackur, som hårdsnackat med världens politiska ledare och kontroversiella affärsmoguler, kommenterar lite matt att det här viktiga ämnet inte precis har tagits upp tidigare i detta program.

»Nej, och ni klipper säkert bort det«, snappar Fonda.

Orsaken till att ha Fonda i BBC:s *Hardtalk* just nu är antagligen Harvey Weinstein. Metoo-uppropet på sociala medier sprider sig, växer till något av en feministisk revolution. Flera män som avskedas. Och ja, det är bra att kvinnor talar ut, men vem hinner reda ut anklagelserna? I underhållningsbranschen är ryktet allt, och män avgår efter en Twitterstorm.

Undrar också varför medlemskap och priser ska fråntas just på grund av sexuella trakasserier, i synnerhet sådana som inte längre kan leda till fällande domar. Hur gör dessa professionella sammanslutningar med skattefusk, korruption, trafikförseelser, drogmissbruk, dråp?

Förstås ingen #metoo i Finland. I dag skriver *Helsingin Sanomat* om ett upprop inom filmbranschen gällande trakasserier inom finsk film. Den som sett filmerna höjer inte på ögonbrynen (i seriösa filmer: arga, vilsna unga män lever ut sin ångest, i komedierna: dito). Annars är *Sanomats* största fynd hittills att återge innehållet i en pro gradu-avhandling från konstbranschen. Den avhandlingen utkom för över ett år sedan och väckte inte då något medialt intresse.

»Tänk att Hollywood är så fyllt av nedtystade trakasserier, och inte ens du talade ut«, utmanas Fonda på *Hardtalk*.

»Jag hörde om Weinstein för ett år sedan«, svarar hon lugnt. »Jag tog inte upp det i offentligheten eftersom den berörda kvinnan, som nu berättat om sina erfarenheter, inte då ville gå ut med det. Men varför talas det bara om Hollywood, det här gäller alla ställen där män har makt!«

Vad ska man göra med Trump, frågar Sackur Fonda till sist. Det visar sig att hon börjat gå från dörr till dörr för att träffa väljare. Hon betonar att det behövs en direkt dialog med Trumpanhängarna. Det leder ingenstans att säga att de röstat på en galning, eller att de ska sluta titta på Fox News. Så hon brukar i stället fråga vad de oroar sig över i livet just nu. En kvinna hade berättat om sin dotter, som är ensamstående mamma till tre barn. När den här mormodern hörde om Trumps förslag för hälsovården blev hon förstummad. Hon hade tänkt rösta på honom även nästa gång, men tänkte om.

20 oktober

Min syster skickar en skärmavbild. Hennes barn är på Snapchat, där en klasskamrat postat sin diskussion från en annan app, Sarahah. Så här har en anonym person kommenterat en 11-årig flickas bild:

»Hahaha du e en fkn äcklig 06 som går runt o tror att du e nått du fkn sminkar dig o putar på dina läppar som fkn kalle anka putar på rumpan också jävla bortskämda äckel 06 skit gå o dö»

Sarahah är inte något jag känt till, inte heller min mediekunniga 18-åring, medan 11-åringen »förstås« vet vad det är. Sylvia förklarar att det är en app där användaren registrerar sig, men andra kan anonymt kommentera. Den hade utvecklats för att möjliggöra öppen kritik bland de anställda på saudiarabiska företag. Sedan fick någon snilleblixten att skapa en allmän app, Sarahah, som Snapchat nu enkelt går att länka till.

Flickan som fick kommentaren är en 06:a, alltså född 2006 och kring elva år gammal. Hon har inte bara svarat på hatposten, utan valt att kopiera hela diskussionen till Snapchat. Hennes svar till den anonyma hatfyllda kommentaren lyder: »Tar det som en komplimang (en röd hjärtemoji).«

Hon får ett nytt svar: »Skicka nakenbild också! Vill ha stånd så jag kan onanera/runka. Sen går jag hem till dig och knullar sönder ditt hus.«

Mitt i desperationen tänker jag på att den här pojken (eller vuxna mannen?) faktiskt gör sig besväret att använda två uttryck för att masturbera. Svensk sexupplysning fungerar, till bokstav om än inte till anda.

Vad får flickan att sedan vidarebefordra det här?

»Vad ska vi göra?« frågar jag systern.

»Tala, tala, tala«, svarar hon.

Bryter Trump samman, »is Trump unravelling?«, undrar rubrikerna i amerikansk liberal media. Republikanerna, också de som stött honom, börjar inse att han inte lyssnar på *någon*. Att de gett honom kärnvapenkoderna och att han inte lyder någon.

Vi går mot världskrig, Vita huset diskuterar hur presidenten kan hållas borta från den röda knappen, politiken har gjorts till en tv-show, säger en republikansk senator. Inget nytt i de påståendena, utom att en republikan säger det. Kommentatorerna betonar också att intresset för Trump är som svalast nu när läget är som farligast. Det stämmer in på mig.

Xi Jinping talar till partimötet. Det här är första gången jag vet hur Kinas ledares namn stavas utan att tvingas dubbelkolla. Vanliga kineser intervjuas och är alla stolta över sin ledare, om än några mera reserverat än andra. »Han är så fin, jämfört med Trump!« En del av mig håller fullständigt med.

Östeuropaexperten Anne Applebaum sammanfattar det världspolitiska läget. Essän publiceras i *The New York Review of Books*. Just den här gången råkar jag kolla tidskriftens upplaga och inser att den är 100 000 exemplar. Det vill säga ingenting. För denna försumbart lilla bråkdel av världens befolkning skriver Applebaum att året 2014 nu framstår som vändpunkten. År 2013 var lugnet innan stormen: innan flyktingvågorna, terrorattackerna i Europa, invasionen av Krim, valet av Trump, och Brexit. Det var just under 2013 och 2014 som Ryssland aktivt gick in för att destabilisera EU, vilket sedan lyckades i flera nationella val.

Medan jag läser Applebaum är jag tillbaka där den här månadsboken började, för snart fulla tolv månader sedan. Känslan av förskjutning har bekräftats. Flera pusselbitar lagts till. Världen finns kvar, men det ser inte ljusare ut. Gå och dö, förr eller senare?

Applebaum diskuterar olika framtidsscenarier. Till de hoppfullare hör ett händelseförlopp liknande det då Rom föll samman. Väst kollapsade i hedonism och galna kejsare. Öst blev ett byråkratiskt och stelt imperium, men hölls på fötterna lite längre. Är det vår civilisations bästa chans, att hålla ut lite längre än alla andra?

Det politiska är personligt

EFTERORD VÅREN 2018

Behovet att föra månadsbok utgick från känslan av vändpunkt. En ny världsordning verkade födas och ifrågasatte min fattningsförmåga och framtidstro. Snart två år in i Trumps presidentskap har många av farhågorna besannats: Världens mäktigaste ledare saknar moralisk kompass och koncentrationsförmåga, han söker omvandla varje dygn till en ny episod i en hätsk reality-tv-show. Samtidigt lunkar en stor del av världen på som vanligt. Mot slutet av månadsboken börjar illamåendet inför Trump övergå i varierande doser av uppgivenhet och rädsla. Just ingen orkar längre följa med USA:s politiska cirkus, samtidigt som den inte verkar slå ihop tälten och resa sin väg inom överskådlig framtid.

Mest förvånande under året månadsboken täcker var hur händelser på vitt skilda plan började fläta sig in i varandra. USA:s president talade med stalinistisk retorik. Rysslands utrikespolitik präglades av cyberpropaganda, medan sociala medier började framstå som ett hot mot demokrati och en vettig livsstil. Världspolitikens nya fas har visat sig handla om annat än populister. Den handlar minst lika mycket om hur vardagen utnyttjas av kommersiella och politiska intressen för att föra dessa populister till makten. Känslornas svall, politikens kris.

På våren vistas jag några veckor i London för att bland annat skriva färdigt den här boken. I metropolens centrum är alla smarta och smala, klädda i grått och svart, de rör sig snabbt och struntar i rött ljus. Själv kan jag numera ganska vant byta mellan kontinental och brittisk trafik, så i Londons gatustim väjer jag åt vänster. Men det fungerar inte, eftersom de flesta andra väjer åt höger. Är det riktigt trångt på trottoaren kan det uppstå flera motsatta filer, men det är ändå uppenbart: högertrafiken dominerar bland fotgängarna.

På Old Bond Street fnyser en äldre gentleman: »We are in London, keep to the left!« Men vad kan han göra? Hundratusentals främlingar rör sig på trottoarerna i centrum. Snabbt och omedvetet måste de varje gång en annan kropp närmar sig besluta hur den egna väjer. Höger, vänster, höger, vänster?

Länge var antalet utlänningar eller inflyttade lägre, eller respekten för den brittiska kulturens egenheter större, och fotgängarna i Londons centrum väjde åt vänster. I något skede svängde det. Ifall det hänt de senaste åren kanske det syns på Google Earth: Hur antalet enskilda fotgängare som väjer åt höger börjar sprida sig i rännilar som tjocknar och förenas, tills stadskulturen tippar över och strömmen vänds.

Det är något liknande jag försökt inringa mellan dessa pärmar. Hur mitt och vårt sätt att tolka och känna har förändrats, med massan, i tiden. *All change now*, som de säger i Londons tunnelbana.

Att svänga på sloganen till »det politiska är personligt« kändes rätt för mig då boken inleddes, utan att jag hade någon tydlig uppfattning om vad det innebar.

Det ursprungliga, spegelvända uttrycket om hur »det personliga är politiskt« tedde sig slitet redan då jag började föra månadsbok. Identitetspolitiken kunde kännas som en intellektuell tvångströja. Personliga egenskaper användes som politiska argument, för att avgöra vem som är godtagbar och vem som ska motarbetas.

Visserligen fanns det flera månader under vilka det klassiska feministiska slagordet fortfarande fungerade på ett bekräftande och berikande vis. Det gällde ofta kvinnospecifika teman som preventivmedel eller skönhetsnormer. Det gäller också #metoo, rörelsen mot sexuella trakasserier som blossade upp efter min sista anteckning, även i det könspolitiskt så försiktiga Finland. Denna nya globala svallvåg bärs av den klassiska principen att kvinnors upplevelser är värda att tas på allvar.

Vad hände då det politiska började kännas personligt? Åtminstone två olika saker. För det första spred sig känslan av att samhällsbygget är skört. Insikten rotade sig om att det kan bli ordentligt värre, och snabbt. Vi var så naiva, säger en bekant i dag, som trodde att välfärdsstaten och Norden var skyddade från resten av världen. Under året månadsboken täcker fortsatte högerpopulism och nationalism att ta över i en kuslig dominoeffekt runtom i världen. I Latinamerika kraschade ett helt land i vänsterpopulismens strypgrepp (fast Venezuelas lidande låg långt bortom min intressehorisont och nämns endast i förbifarten i månadsboken).

Även Finlands regering behandlade flyktingar och pressens frihet på ett sätt som ifrågasatte landets moral, trots festligheterna kring landets sekellånga självständighet. Oron över det egna landet har inte förvärrats, till all tur. Vi är ännu inte Polen, Ungern eller Ryssland.

I månadsboken dyker olika ryska bekanta upp. Flera av dem blev ilsknare och engagerade sig politiskt för första gången. Det nya är att jag nu lyssnar till dem med känslan av att sitta om inte i samma båt, så i olika båtar på samma hav. Hur leva och jobba värdigt under nyckfulla härskare? Hur förhålla sig till vänner, kolleger och släkt som tänker annorlunda än du själv gör? När är det bättre att anpassa sig, när vägra samarbeta med dem som tjänar tyranner?

Mina ryska och ungerska vänners verklighet är långt svårare, men ingen är vaccinerad mot demokratins förfall.

Ser en skämtteckning där rymdvarelser förstört allt och förslavat befolkningen. En som sliter under oket suckar, »för bara en vecka sedan hade detta känts otänkbart«. Så förändrade 2017 väst.

Numera har ingen råd att förakta tråkiga möten och sakliga kompromisser. Ingen har råd att låta bli att rösta, eller att vägra rösta på en kandidat som kanske inte är idealisk, men som kan hindra att auktoritära krafter får makten. Alla blir inte politiskt aktiva, inte heller jag under året som månadsboken täcker, men det verkar finnas en nyvunnen respekt för dem som orkar och kan.

Just då boken ska gå i tryck textar mina kolleger från S:t Petersburg en oväntad nyhet: Europeiska universitetet kan fortsätta. Vilken osannolik, härlig vändning. En seger för dem som orkade försöka och hitta olika överlevnadsstrategier. En påminnelse om att auktoritärt styre gör politiken nyckfullt personlig, men att pendeln alltid, förr eller senare, kommer att svänga tillbaka. Hittills har vetenskapen vunnit, på lång sikt.

Då det politiska blev personligt skedde också något annat än att de auktoritära krafterna kom nära inpå: det blev vådligare att lita på sina känslor. Under året blir jag själv alltmer ambivalent inställd till mina egna reaktioner, i takt med avslöjandena om hur känslosvall påverkar inte bara vardag, utan också politik.

Jag hör en nyhet och blir upprörd, det ger mig lust att skriva e-post eller twittra, men numera försöker jag först dra ett djupt andetag: Leder min upprördhet till något gott, är den bra för mig, är den bra för andra?

Jag hade inbillat mig att globalisering och internet skulle innebära en seger för förnuftet och den empiriska bevisföringen. Ändå verkar de samtidigt ha satt känslorna vid styrspakarna. Idealiseringen av »magkänslan«, säger vännen T: vi lär oss nu hur just de starka, atavistiska känslorna även är de farligaste på nätet. Avund, rädsla och avsky sprider sig snabbast och säljer bäst. De göder idoldyrkan och malplacerad indignation. I sista hand kan de döda, genom social uthängning eller uppmaningar till folkmord. En färsk studie fann ett samband mellan graden av Facebook-användning och brott mot invandrare.

För ett år sedan undrade min dotter och jag vilken företeelse som skulle summera 2010-talet. Nu känns det givet, frågan enfaldig: sociala medier.

För ett år sedan kändes det nytt och fräscht att någon förespråkade en begränsning av skärmtid. Inom familjen började vi (okej: jag) tala om att vi borde begränsa de tider och platser där skärmarna används. Numera har Google-avhopparen Tristan Harris, som jag berördes av på ett möte förra sommaren, grundat det centrum han drömde om. Time well spent-rörelsen har spridit sig till många länder, bland annat Sverige, tillsvidare dock inte öster om Bottniska viken. Svensk press skriver också mycket mera om skärmarnas avigsidor än finsk.

Vi vet allt mera om den ryska infiltrationen av både Storbritanniens och Förenta staternas ödesval. En politisk infiltration vars centrala verktyg var sociala medier, från skräddarsydda annonser på Facebook till falska »trollkonton« på Twitter. Ännu i mars 2017 kunde jag inte tro att Ryssland använt digital krigföring för att påverka politiska skeenden och destabilisera andra stater. Nu är det ett standardskämt, »Du trodde dig fylla i ett fjantigt personlighetstest, men det visade sig att du underminerade hela den västerländska demokratin!«

Besvikelsen över sociala medier blev global våren 2018 i och med skandalen kring Cambridge Analytica och Facebooks informationsläckor. Än en gång berodde opinionsförändringen inte på nya fakta. Det hade länge varit känt att apparna via Facebook samlade på detaljerad personlig information: mina datainsatta bekanta hade varnat för det med jämna mellanrum i åratal, föredragen jag skrev om i juni presenterade ingående analyser. Det som behövdes var rätt ompaketerad nyhet i rätt tid för att strömmen skulle vända. *All change now.*

Facebook gick ut med betalda helsidor i världspressen där företaget halvdant bad om ursäkt för att det läckt personlig information. Ironin var påtaglig: be om förlåtelse i den press vars inflytande Facebook underminerat.

På nätet sprids bilder där Facebooks logo omvandlas till »Fail«. En annan visar ett sms från användaren »Internet« där det står: »Förlåt! Menade inte att förstöra allt privatliv och ekonomin. Sorry... :(«

Givetvis fanns samma förljugna media tidigare. Tidningar och tv har långt större inflytande bland dem som röstade för Trump och Brexit än sociala medier någonsin. Men sociala medier gör reaktionerna blixtsnabba, i nyhetsvärlden och i vardagen. Politisk ilska och rädsla är inget nytt, men den politiska och kommersiella exploateringen av känslor är större.

Jag ser en tv-intervju med en arbetsoförmögen amerikan som spritt det falska påståendet att en viss skolskjutning inte lett till några offer. I efterhand inser hon hur illa hon gjort den skjutna studentens rykte och familj. Men den insikten och ångern kommer då skadan är skedd.

Min egen relation till känslornas förrädiskhet kulminerade då jag på vintern läste en essä om de psykologiska mekanismer Facebook bygger på: avund, narcissism, grupptryck. Essän innehöll inget helt nytt för mig, men den samlade översikten gav mig en tydlig, stark avsmak. Inte den akuta spykänsla många fortfarande får då de ser en bild av Trump, utan mera likt det fadda obehag man kan få av att lukta på något illafaret. I och med den känslan försvinner lusten att vara på sociala medier. Den lilla vänliga adrenalinrusch som brukade pigga upp mig då jag loggade in (»nu unnar jag mig det här«) har omvandlats till en känsla av att vara infångad. Igen är jag inte unik. Hundratusentals finländare slutade använda Facebook just i år.

Medan jag skrev var det svårt att balansera mellan privat och politiskt. Det är ofrånkomligt att just jag lyssnar, berörs av vissa tankar och röster men fullkomligt förbiser andra, lika viktiga. För dem som undrar ordnade sig det mesta i min personliga sfär. Dotterns knä blev rakt, väldigt sent, men dock spikrakt. Vi fick ett fantastiskt forskningsanslag, med de vackraste expertkommentarer jag någonsin kunnat gotta mig åt i hela mitt yrkesliv. JP och jag förverkligade en länge planerad vandring i bergen. Det skedde faktiskt tack vare månadsboken, efter att jag svart på vitt märkte hur länge den drömmen skjutits upp.

Medan jag skrev, och skrev rent, stötte jag på mina egna ständigt upprepade och ständigt misslyckade beslut att bättra mig. (Flera av dem har strukits för att bespara läsaren.) Att skriva om vad som händer i världen blev oväntat till en egen reflektion om hur jag, vi ska leva. Inte högtflygande eller filosofiskt, utan alldeles konkret. Hur äta, älska, röra sig, jobba, sova.

Vad har du för värden, frågade mig en journalist kring årsskiftet, och jag blev i den stunden pinsamt svarslös. Först någon dag senare hade jag svaret färdigt: den vetenskapliga metoden, mänskliga rättigheter, hållbar utveckling. I samma veva fick jag tag på Steven Pinkers *Enlightenment Now*. Den boken dokumenterar hur långt mänskligheten nått efter att vi anammat just den vetenskapliga metoden, det fria samtalet och humanism. Pinker påminner om att det mesta går mot det bättre, de senaste trumpna åren till trots. Det är viktigt att inte glömma och ger hopp också inför magkänslornas maktövertagande.

Det otvivelaktigt bästa jag gjorde under året som gick var att läsa poesi och skönlitteratur. Det oväntade, äkta, visade sig ofta där. En av meningarna som stannade hos mig var Seamus Heaneys reflektion kring poeten William Wordsworth, som i medelåldern stampade på stället, förlorade sin personliga stig: »the path that should have kept leading more confidently and deeply inward.« Det känns som att det finns alltför få ställen i min verklighet där sådana stigar diskuteras, utanför religiösa sammanhang, i vilka jag inte ingår.

Det har sagts ofta, men det stämmer: att karva åt sig utrymme för reflektion, att skriva och läsa med tid, utan annan målsättning än att begrunda livets och världens gång, är viktigt.

The Truman Show är en profetisk Hollywoodfilm från 1990-talet om en person som fötts in i en tv-show och växer upp inuti den. I den sista scenen öppnar huvudpersonen dörren mot yttervärlden. Så kan min värld kännas, utom att det är den stora världen som riskerar att bli den konstgjorda: det gäller att hitta och öppna dörrar till de skyddszoner där det finns tid, kunskap, natur och samvaro.